CLV

Die Passion Jesu Christi

Fünfzig Gründe, warum er kam, um zu sterben

John Piper

clv

Christliche Literatur-Verbreitung
Postfach 110135 • 33661 Bielefeld

1. Auflage 2004
2. Auflage 2004
3. Auflage 2004

Published by Crossway Books
a division of Good News Publishers
Wheaton, Illinois 60187, U.S.A.
Originaltitel: The Passion of Jesus Christ

Christliche Literatur-Verbreitung
Postfach 110135 • 33661 Bielefeld
CLV im Internet: www.clv.de
www.passion-christi.com
Übersetzung: Ulrike Wilhelm
Lektorat: Hans-Werner Deppe
Umschlaggestaltung: Lucian Binder,
Satz: CLV
Druck: Ebner & Spiegel, Ulm

ISBN 3-89397-534-9

Über Jesus Christus

Er war verachtet und von den Menschen verlassen,
ein Mann der Schmerzen und mit Leiden vertraut,
wie einer, vor dem man das Gesicht verbirgt.
Er war verachtet, und wir haben ihn nicht geachtet.
Jedoch unsere Leiden – er hat sie getragen,
und unsere Schmerzen – er hat sie auf sich geladen.
Wir aber, wir hielten ihn für bestraft,
von Gott geschlagen und niedergebeugt.
Doch er war durchbohrt um unserer Vergehen willen,
zerschlagen um unserer Sünden willen.
Die Strafe lag auf ihm zu unserm Frieden,
und durch seine Striemen ist uns Heilung geworden.

Wir alle irrten umher wie Schafe,
wir wandten uns jeder auf seinen eigenen Weg;
aber der HERR ließ ihn treffen unser aller Schuld. –

Er wurde misshandelt,
aber er beugte sich und tat seinen Mund nicht auf
wie das Lamm, das zur Schlachtung geführt wird
und wie ein Schaf, das stumm ist vor seinen Scherern;
und er tat seinen Mund nicht auf. …

Denn er wurde abgeschnitten vom Lande der Lebendigen.
Wegen des Vergehens seines Volkes hat ihn Strafe getroffen …
… kein Trug ist in seinem Mund gewesen.
Doch dem HERRN gefiel es, ihn zu zerschlagen.
Er hat ihn leiden lassen.

Der Prophet Jesaja
Kapitel 53, Verse 3-10

Inhaltsverzeichnis

Einführung

Warum musste Jesus Christus so sehr leiden? Die Antwort darauf werden wir nie finden, wenn wir nicht über unseren beschränkten menschlichen Horizont hinausgehen. Auf die Frage, wer Jesus ans Kreuz brachte, gibt es letztlich nur eine Antwort: Gott tat es. Dieser Gedanke verschlägt uns den Atem, denn Jesus war Gottes Sohn und sein Leiden einzigartig. Die ganze Botschaft der Bibel jedoch lässt nur diese Schlussfolgerung zu.

Gott beabsichtigte es, zum Guten zu wenden

Der hebräische Prophet Jesaja sagte: »Doch dem Herrn gefiel es, ihn zu zerschlagen. Er hat ihn leiden lassen« (Jesaja 53,10). Im Neuen Testament der Christen steht: »Er, der doch seinen eigenen Sohn nicht verschont, sondern ihn für uns alle hingegeben hat: wie wird er uns mit ihm nicht auch alles schenken?« (Römer 8,32). »Ihn hat Gott dargestellt zu einem Sühneort durch den Glauben an sein Blut« (Römer 3,25).

Wie lässt sich diese göttliche Tat in Zusammenhang bringen mit der mörderischen Bosheit derer, die Jesus töteten? Die Bibel beantwortet diese Frage mit einem Gebet der Frühkirche:

> *Denn in dieser Stadt versammelten sich in Wahrheit gegen deinen heiligen Knecht Jesus, den du gesalbt hast, sowohl Herodes als Pontius Pilatus mit den Nationen und den Völkern Israels, alles zu tun, was deine Hand und dein Ratschluss vorherbestimmt hat, dass es geschehen sollte (Apostelgeschichte 4,27-28).*

Das Ausmaß dieser göttlichen Souveränität verschlägt uns den Atem. Aber sie ist der Schlüssel zu unserer Rettung. Gott plante alles und benutzte böse Menschen, um uns etwas Großartiges und Gutes zu schenken. Eine Aussage der jüdischen Thora bringt es in einer vergleichbaren Situation auf den Punkt: »Sie meinten es böse, aber Gott beabsichtigte es, zum Guten zu wenden« (1. Mose 50,20).

Und weil Gott Gutes beabsichtigte, muss man von menschlichen Erklärungen absehen und nach dem göttlichen Zweck fragen. Bei Jesu Tod geht es nicht um die Frage der Täterschaft, sondern um das Ziel – dem eigentlichen Sinn. Die Menschheit hat vielleicht ihre Gründe, Jesus aus dem Weg zu schaffen. Aber nur Gott kann daraus etwas Gutes schaffen. Tatsache ist: Gottes Ziele für die Welt mit dem Tod Jesu sprengen unsere Vorstellungskraft.

Ich kratze mit diesem kleinen Buch nur an der Oberfläche, wenn ich Ihnen fünfzig Absichten Gottes aufzeige. Ich hoffe, dass diese Hinweise Sie dazu anregen, sich immer wieder neu auf die Suche zu machen, um herauszufinden, welchen großartigen Plan Gott mit dem Tod seines Sohnes verfolgte.

Was bedeutet das Wort »Passion«?

Das Wort Passion lässt uns an mindestens drei Dinge denken: an Leidenschaft, an ein Oratorium von J. S. Bach, und an die Leiden Jesu Christi. Das Wort stammt aus dem Lateinischen und bedeutet Leiden. In diesem Sinne benutze ich es hier – die Leiden und der Tod Jesu Christi. Aber es bezieht sich auch auf alle anderen Passionen. Eine bis zum Äußersten gehende Leidenschaft, eine Inspirationsquelle der Musik.

Warum war Jesu Leiden einzigartig?

Warum hat das Leiden und die Hinrichtung eines Mannes, der als Aufrührer gegen den römischen Thron für schuldig erklärt und verurteilt wurde, in den darauf folgenden drei Jahrhunderten eine Kraft des Leidens und der Liebe entfesselt, die das Römische Reich veränderte und die Welt auch heute noch beeinflusst? Die Antwort ist: Das Leiden Jesu war absolut einzigartig und mit seiner Auferstehung von den Toten drei Tage später bestätigte Gott das, was durch seinen Tod erreicht worden war.

Sein Leiden war einzigartig, weil er mehr als ein gewöhnlicher Mensch war. Er war, wie das alte Nizänische Glaubensbekenntnis belegt, »wahrer Gott vom wahren Gott«. Das ist das Zeugnis derer, die ihn kannten und von ihm inspiriert wurden, zu bezeugen, wer er ist. Der Apostel Johannes nannte Christus »das

Wort« und schrieb: »Am Anfang war das Wort, und das Wort war bei Gott, und das Wort war Gott. Dies war im Anfang bei Gott. Alles wurde durch dasselbe, und ohne dasselbe wurde auch nicht eines, das geworden ist; ... Und das Wort wurde Fleisch und wohnte unter uns, und wir haben seine Herrlichkeit angeschaut, eine Herrlichkeit als eines Eingeborenen vom Vater, voller Gnade und Wahrheit« (Johannes 1,1-3.14).

Abgesehen von seiner Gottheit blieb er in seinem Leiden völlig unschuldig. Nicht nur unschuldig hinsichtlich der Anklage der Gotteslästerung, sondern aller Sünden. Einer seiner engsten Jünger schrieb: »Der keine Sünde getan hat, noch ist Trug in seinem Mund gefunden worden« (1. Petrus 2,22).

Zu dieser Einzigartigkeit kommt auch noch hinzu, dass ohne seine Einwilligung niemand seinen Tod hätte herbeiführen können. Eine der unglaublichsten Aussagen, die Jesus jemals über seinen Tod und seine Auferstehung machte, war: »Darum liebt mich der Vater, weil ich mein Leben lasse, um es wieder zu nehmen. Niemand nimmt es von mir, sondern ich lasse es von mir selbst. Ich habe Vollmacht, es zu lassen, und habe Vollmacht, es wieder zu nehmen. Dieses Gebot habe ich von meinem Vater empfangen « (Johannes 10,17-18). Die Streitfrage, wer Jesus tötete, ist unwichtig. Er entschied sich, zu sterben. Sein Vater bestimmte es. Der Sohn nahm es an.

Sein Leiden wurde durch die Auferstehung besiegelt

Aufgrund dieses beispiellosen Leidens hat Gott Jesus von den Toten auferweckt. Es geschah drei Tage später. Am frühen Sonntagmorgen ist er von den Toten auferstanden. Bevor er in den Himmel aufgenommen wurde, erschien er vierzig Tage lang viele Male seinen Jüngern (Apostelgeschichte 1,3).

Nur langsam fingen die Jünger an zu glauben, dass es Wirklichkeit war. Sie waren keine leichtgläubigen Spinner. Sie standen mit beiden Beinen im Leben. Sie wussten, dass Menschen nicht von den Toten auferstanden. Einmal hatte Jesus darauf bestanden, etwas zu essen, um ihnen zu beweisen, dass er kein Geist war (Lukas 24,39-43). Das war keine Wiederbelebung einer Leiche. Es war die Auferstehung des Menschensohnes in ein unzerstörbares neues Leben hinein. Die frühe Kirche feierte ihn als Herrn des Himmels und der Erde. Sie sagten: »Er, der Ausstrahlung seiner Herrlichkeit und Abdruck seines Wesens ist und alle Dinge durch das Wort seiner Macht trägt, hat sich zur Rechten der Majestät in der Höhe gesetzt, nachdem er die Reinigung von den Sünden bewirkt hat« (Hebräer 1,3). Jesus hatte die Aufgabe, die Gott ihm gegeben hatte, vollendet, und die Auferstehung war der Beweis, dass Gottes Ansprüche erfüllt waren. In diesem Buch geht es darum, was Jesus und sein Leiden für die Welt bewirkt hat.

Ist das Kreuz die »Pfahlwurzel« der KZs?

Es ist eine Tragödie, dass die angeblichen Nachfolger Christi Judenfeindlichkeit und brutale Kreuzzüge gegen Muslime ausgelöst haben. Wir Christen schämen uns unserer Vorfahren, die nicht im Geiste Christi handelten. Es sind zweifellos auch in unseren Seelen noch Spuren dieser Seuche vorhanden. Aber echter christlicher Glaube – der völlig anders ist als unsere westliche Kultur, und den man in vielen christlichen Kirchen gar nicht findet – verzichtet auf Gewalt, um Religion zu verbreiten.

Jesus sagte: »Mein Reich ist nicht von dieser Welt; wenn mein Reich von dieser Welt wäre, so hätten meine Diener gekämpft« (Johannes 18,36). Der Weg des Kreuzes ist ein Weg des Leidens. Christen sind nicht berufen, zu töten, sondern zu sterben, um der Welt zu zeigen, wie sehr Christus sie liebt.

Heute weist diese Liebe, egal was es kostet, alle Menschen demütig und unerschrocken auf Christus hin, als den einzig rettenden Weg zu Gott. »Jesus spricht zu ihm: ›Ich bin der Weg und die Wahrheit und das Leben. Niemand kommt zum Vater als nur durch mich‹« (Johannes 14,6). Im Klartext heißt das aber:

Es ist unchristlich, sowohl andere Menschen zu demütigen als auch zu verachten, zu verhöhnen oder hochmütig zu verfolgen und fertig zu machen. Weder Pogrome noch Kreuzzüge und Konzentrationslager sind christlich. Das alles war und ist, um es ganz einfach auszudrücken, schrecklich und Ungehorsam gegenüber Jesus Christus.

Im Gegensatz zu vielen seiner Nachfolger war er sanftmütig und betete am Kreuz: »Vater vergib ihnen, denn sie wissen nicht, was sie tun!« (Lukas 23,34). Das Leiden Jesu Christi ist das wichtigste Ereignis der Geschichte und das explosivste politische und persönliche Thema des 21. Jahrhunderts. Zu leugnen, dass Jesus gekreuzigt wurde, ist wie die Lüge, dass der Holocaust nie stattgefunden habe. Manche wollen diese schrecklichen Tatsachen einfach nicht zugeben. Jesus Christus hat unbeschreiblich viel gelitten. Die Juden haben beispielloses Leid durchlitten. Ich bin nicht der Erste, der Golgatha und die Konzentrationslager in Verbindung bringt – das Leiden Jesu Christi und das Leiden des jüdischen Volkes.

In seinem Herz zerreißenden Buch *Die Nacht*, das das Gewissen wachrüttelt und einem die Sprache verschlägt, erzählt Elie Wiesel, was er als Teenager mit seinem Vater in den Konzentrationslagern von Auschwitz, Buna und Buchenwald erlebt hat. Sie standen immer unter der Gefahr der »Auslese« – das Aussondern der Schwachen, die getötet und in den Öfen verbrannt wurden. An einem Punkt stellt Wiesel eine Verbindung zwischen Golgatha und den Lagern her. Er erzählt von einem alten Rabbiner namens Akiba Drumer.

> Akiba Drumer war ein Opfer der Auslese geworden und hatte uns verlassen. In der letzten Zeit war er mit glasigen Augen umhergewandert und hatte jedem von seiner Schwäche erzählt: »Ich kann nicht mehr … Es ist vorbei mit mir …« Es war unmöglich, ihn aufzumuntern. Er hörte nicht mehr, was man zu ihm sagte. Er wiederholte nur, dass für ihn alles aus sei, dass er den Kampf nicht mehr durchhalten könne, dass ihm weder die Kraft noch der Glaube geblieben sei. Seine Augen wurden mit einem Mal leer, sie waren nur noch zwei offene Wunden, zwei Brunnen des Entsetzens.[1]

Dann macht Wiesel folgende provozierende Bemerkung: »Armer Akiba Drumer! Hätte er sich seinen Glauben an Gott bewahren, hätte er in diesem Kreuz, dass er tragen musste, eine Prüfung Gottes sehen können, er wäre nicht ein Opfer der Auslese geworden.«[2]

Ich möchte nicht so anmaßend sein, Elie Wiesel etwas in den Mund zu legen. Ich bin nicht sicher, was er meinte. Aber mir drängt sich die Frage auf: Besteht ein Zusammenhang zwischen Golgatha und dem Konzentrationslager? Ich denke an den Sinn und die Hoffnung. Könnte es sein, dass der endgültige Sinn, und nicht die Ursache, des jüdischen Leidens im Leiden Jesu Christi zu finden ist? Wäre es möglich, dass nicht das Leiden Christi zu Auschwitz führt, sondern Auschwitz zu einem besseren Verständnis von Christi Leiden?

Letztendlich weiß Jesus ganz sicher, was in der »einen langen Nacht«[3] des jüdischen Leidens geschah. Und vielleicht wird nur die jüdische Generation, deren Großeltern den Holocaust ertragen mussten, wie keine andere fähig sein, zu verstehen, was mit Gottes Sohn auf Golgatha geschah.

Ich lasse die Frage im Raum stehen – es ist zu schrecklich. Ich weiß es nicht. Aber eins weiß ich: Diese angeblichen »Christen«, die diese KZ-Lager bauten, haben nie die Liebe kennen gelernt, die Jesus Christus nach Golgatha getrieben hat. Statt zu töten, um eine Kultur zu retten, starb er, um die Welt zu retten. Aber es gibt einige Christen – wahre Christen – die den Sinn hinter Jesu Leiden erkannt haben und die durch sein Leiden zerbrochen sind und demütig wurden. Kann es sein, dass sie, mehr als viele andere, fähig sind und zumindest anfangen, das Leiden des jüdischen Volkes zu ergründen?

Wie ist es zu begreifen, dass manche Christen antisemitisch gewesen sind? Jesus und alle seine Jünger waren Juden. Menschen aller Volksgruppen Israels waren an seiner Kreuzigung beteiligt (nicht nur Juden), und Menschen aus allen Gruppen waren dagegen (auch Juden). Gott selbst war Hauptakteur beim Tod seines Sohnes. Deshalb soll man nicht danach fragen, wer Jesus getötet hat, sondern was der Menschheit durch diesen Tod geschenkt wurde – auch den Juden und den Moslems und den Buddhisten und den Hindus und den nichtreligiösen Menschen – allen Menschen der Erde.

Nachdem alles gesagt und getan ist, bleibt die entscheidende Frage: Warum? Warum litt und starb Christus? Wir wollen nicht nach der Ursache, sondern nach dem Zweck fragen. Was hat Christus durch sein Leiden erreicht? Warum musste er soviel leiden? Welche großartiges Werk geschah auf Golgatha für die Welt?

Dieses Thema wird auf den weiteren Seiten dieses Buches behandelt. Ich habe aus dem Neuen Testament fünfzig Gründe gesammelt, warum Christus litt und starb. Nicht fünfzig Ursachen, sondern fünfzig Ziele. Genauso wichtig, wie die Frage nach der Täterschaft, ist die Frage: Was hat Gott für uns Sünder erreicht, als er seinen Sohn sandte, der für uns starb? Dem wenden wir uns jetzt zu.

Fünfzig Gründe, warum Christus kam, um zu sterben

Um den Zorn Gottes auf sich zu nehmen

Christus hat uns losgekauft von dem Fluch des Gesetzes, indem er ein Fluch für uns geworden ist – denn es steht geschrieben: »Verflucht ist jeder, der am Holz hängt!« –

Galater 3,13

Ihn hat Gott hingestellt als einen Sühneort durch den Glauben an sein Blut zum Erweis seiner Gerechtigkeit wegen des Hingehenlassens der vorher geschehenen Sünden.

Römer 3,25

Hierin ist die Liebe: nicht dass wir Gott geliebt haben, sondern dass er uns geliebt und seinen Sohn gesandt hat als eine Sühnung für unsere Sünden.

1. Johannes 4,10

Wenn Gott nicht *gerecht* wäre, hätte es für seinen Sohn keine *Notwendigkeit* zu leiden und zu sterben gegeben. Und wenn Gott nicht *lieben* würde, hätte sein Sohn nicht *bereitwillig* leiden und sterben müssen. Aber Gott ist beides, er ist gerecht und ein liebender Gott. Daher ist er in seiner Liebe bereit, die Forderung seiner Gerechtigkeit selbst zu erfüllen.

Gottes Gesetz verlangt: »Und du sollst den Herrn, deinen Gott, lieben mit deinem ganzen Herzen und mit deiner ganzen Seele und mit deiner ganzen Kraft« (5. Mose 5,6). Wir alle haben aber schon andere Dinge mehr geliebt. Genau das bedeutet Sünde – nämlich, Gott nicht zu ehren, weil man andere Dinge ihm vorzieht und sich mit diesen Vorlieben beschäftigt. Daher sagt die Bibel: »Denn alle haben gesündigt und erlangen nicht die Herrlichkeit Gottes« (Römer 3,23). Wir verherrlichen das, was uns am meisten Spaß macht. Gott gehört nicht dazu.

Das ist keine kleine Sünde, weil sie sich nicht gegen eine kleine Autorität wendet. Der Ernst einer Beleidigung nimmt mit der Würde des Beleidigten zu. Der Schöpfer des Weltalls ist der

Achtung und Verehrung und der Treue unendlich würdig. Daher ist es nicht unbedeutend, wenn man versäumt, ihn zu lieben – es ist Betrug. Gott wird verleugnet und das Glück des Menschen zerstört.

Da Gott gerecht ist, kehrt er diese Verbrechen nicht unter den Teppich des Universums. Er hat einen heiligen Zorn gegen sie. Sie verdienen bestraft zu werden, und das hat er klar ausgedrückt: »Denn der Lohn der Sünde ist der Tod« (Römer 6,23). »Die Seele, die sündigt, sie allein soll sterben« (Hesekiel 18,4).

Ein heiliger Fluch liegt auf allen Sünden. Nicht zu strafen, wäre ungerecht. Das würde billigen, dass Gott erniedrigt wird. Eine Lüge würde die Welt regieren. Daher sagt Gott: »Denn alle, die aus Gesetzeswerken sind, die sind unter dem Fluch; denn es steht geschrieben: Verflucht ist jeder, der nicht bleibt in allem, was im Buch des Gesetzes geschrieben ist, um es zu tun« (Galater 3,10; 5. Mose 27,26).

Aber die Liebe Gottes belässt es nicht bei dem Fluch, der über der ganzen sündigen Menschheit liegt. Er gibt sich nicht zufrieden, Zorn zu zeigen, egal wie heilig er auch ist. Daher sendet Gott seinen eigenen Sohn, der seinen Zorn auf sich nimmt und für alle, die ihm vertrauen, selbst zum Fluch wird. »Christus hat uns losgekauft von dem Fluch des Gesetzes, indem er ein Fluch für uns geworden ist« (Galater 3,13). Das ist die Bedeutung des Wortes »Sühneort« in dem am Anfang zitierten Bibelvers (Römer 3,25). Es drückt aus, dass Gottes Zorn weggenommen wurde, indem er einen Stellvertreter gab. Diesen Stellvertreter stellt Gott selbst zur Verfügung. Der Stellvertreter, Jesus Christus, hebt den Zorn nicht auf, sondern wendet ihn von uns ab, indem er ihn selber auf sich nimmt. Gottes Zorn ist gerecht und wurde nicht zurückgehalten, sondern ausgeschüttet.

Wir wollen Gott weder zu leicht nehmen noch seine Liebe als unwichtig abtun. Wir werden niemals vor Gottes Liebe Ehrfurcht haben, wenn wir nicht mit den Folgen der Sünde und mit der Gerechtigkeit seines Zornes gegen uns rechnen. Aber wenn wir uns durch seine Gnade unserer Unwürdigkeit bewusst werden, dann schauen wir auf das Leiden und Sterben Christi und sagen: »Hierin ist die Liebe: nicht dass wir Gott geliebt haben, sondern dass er uns geliebt und seinen Sohn gesandt hat als eine *Sühnung* für unsere Sünden« (1. Johannes 4,10).

Um seinen himmlischen Vater zu erfreuen

Doch dem HERRN gefiel es, ihn zu zerschlagen.
Er hat ihn leiden lassen.
Jesaja 53,10

… wie auch der Christus uns geliebt
und sich selbst für uns hingegeben hat
als Opfergabe und Schlachtopfer,
Gott zu einem duftenden Wohlgeruch!

Epheser 5,2

Jesus hat nicht mit einem zornigen Gott auf dem Boden des Himmels gerungen und ihm die Peitsche aus der Hand gerissen. Er hat ihn nicht gezwungen, mit der Menschheit barmherzig zu sein. Sein Tod war auch nicht eine widerwillige Zustimmung Gottes, dem Sünder gegenüber nachsichtig zu sein. Nein, was Jesus tat, als er litt und starb, war die Idee des Vaters. Es war eine atemberaubende Strategie, die sogar noch vor Erschaffung der Welt erdacht worden war, nämlich als Gott die Geschichte der Welt sah und plante. Darum spricht die Bibel von Gottes »Vorsatz und Gnade, die uns in Christus Jesus vor ewigen Zeiten gegeben« (2. Timotheus 1,2) wurde.

Schon in den jüdischen Schriften wurde dieser Plan enthüllt. Der Prophet Jesaja sagte die Leiden des Messias, der den Platz der Sünder einnehmen würde, voraus. Er sagte, dass der Christus, stellvertretend für uns, »von Gott geschlagen« werde.

> *Jedoch unsere Leiden – er hat sie getragen, und unsere Schmerzen – er hat sie auf sich geladen. Wir aber, wir hielten ihn für bestraft von Gott geschlagen und niedergebeugt. Doch er war durchbohrt um unserer Vergehen willen, zerschlagen um unserer Sünden willen … Wir alle irrten umher wie Schafe, wir wandten uns jeder auf seinen Weg; aber der HERR ließ ihn treffen unser aller Schuld (Jesaja 53,4-6).*

Am erstaunlichsten an Christi Stellvertretung für uns Sünder ist jedoch, dass es Gottes Idee war. Christus hat sich nicht einfach in Gottes Plan, Sünder zu bestrafen, »eingemischt«. Gott plante Golgatha ein. Ein Prophet aus dem Alten Testament sagte: »Doch dem Herrn gefiel es, ihn zu zerschlagen. Er hat ihn leiden lassen« (Jesaja 53,10).

Das erklärt den Kontrast des Neuen Testaments. Einerseits leidet Christus, weil Gott seinen Zorn über ihn ausgegossen hat, andererseits ist Christi Leiden eine wunderbare Tat der Unterwerfung und des Gehorsams gegenüber Gottes Willen. So schrie Christus am Kreuz: »Mein Gott, mein Gott, warum hast du mich verlassen?« (Matthäus 27,46). Und trotzdem sagt die Bibel, dass das Leiden Christi ein Wohlgeruch für Gott war. »Und wandelt in Liebe, wie auch der Christus euch geliebt und sich selbst für uns hingegeben hat als Gabe und Schlachtopfer, Gott zu einem duftenden Wohlgeruch« (Epheser 5,2).

O, dass wir doch das unglaubliche Wunder der Liebe Gottes anbeten! Das alles ist nicht sentimental. Es ist auch nicht einfach. Für uns hat Gott das Unmögliche getan: Er goss seinen Zorn über seinen eigenen Sohn aus – den Einen, der so unterwürfig war, dass er als Einziger diesen Zorn absolut nicht verdiente. Doch die hohe Bereitschaft des Sohnes, den Zorn anzunehmen, war vor Gott etwas Kostbares. Der Träger des Zorns wurde unendlich geliebt.

3

Um Gehorsam zu lernen und vollkommen gemacht zu werden

… und lernte, obwohl er Sohn war, an dem, was er litt, den Gehorsam.

Hebräer 5,8

Es geziemte ihm, um dessentwillen alle Dinge und durch den alle Dinge sind, indem er viele Söhne zur Herrlichkeit führte, den Urheber ihrer Rettung durch Leiden vollkommen zu machen.

Hebräer 2,10

Dasselbe Buch der Bibel, das behauptet, dass Christus durch Leiden »Gehorsam lernte« und dass er durch Leiden »vollkommen« gemacht wurde, sagt auch, dass er ohne Sünde war. »Sondern der in allem in gleicher Weise versucht worden ist, *doch ohne Sünde*« (Hebräer 4,15).

Diese Lehre zieht sich durch die ganze Bibel. Christus war ohne Sünde. Obwohl er der Sohn Gottes war, war er auch Mensch, mit all unseren Versuchungen und Bedürfnissen und körperlicher Schwachheit. Er hatte Hunger (Matthäus 21,18) und war zornig und traurig (Markus 3,5) und hatte Schmerzen (Matthäus 17,12). Aber sein Herz schlug in vollkommener Liebe für Gott und er handelte beständig in dieser Liebe. »Der keine Sünde getan hat, noch ist Trug in seinem Mund gefunden worden« (1. Petrus 2,22).

Wenn darum die Bibel sagt, dass Jesus »den Gehorsam lernte, an dem, was er litt«, bedeutet das nicht, dass er lernte, nicht mehr ungehorsam zu sein. Es bedeutet, dass er mit jeder neuen Versuchung praktisch – und unter Schmerzen – lernte, was es heißt, zu gehorchen. Wenn es heißt, dass er »durch Leiden vollkommen gemacht wurde«, heißt das nicht, dass er nach und nach von Fehlern befreit wurde. Es bedeutet, dass er nach und nach die vollkommene Gerechtigkeit erfüllte, die er haben musste, um uns zu retten.

Genau das erklärte er mit seiner Taufe. Da er kein Sünder war, hätte er nicht getauft werden müssen. Vielmehr sagte er zu Johannes dem Täufer: »Denn so gebührt es uns, alle Gerechtigkeit zu erfüllen« (Matthäus 2,17).

Präziser ausgedrückt heißt das: *Wenn der Sohn Gottes Mensch geworden und direkt ans Kreuz gegangen wäre, ohne durch ein Leben mit Versuchungen und Schmerzen seine Gerechtigkeit und seine Liebe zu prüfen, dann wäre er kein geeigneter Retter für den gefallenen Menschen.* Sein Leiden hat nicht nur Gottes Zorn absorbiert. Es machte ihn auch zu einem echten Menschen und versetzte ihn in die Lage, uns Bruder und Schwester zu nennen (Hebräer 2,17).

4

Um seine eigene Auferstehung von den Toten zu erlangen

Der Gott des Friedens aber, der den großen Hirten der Schafe
aus den Toten heraufgeführt hat
durch das Blut eines ewigen Bundes,
unseren Herrn Jesus, vollende euch in allem Guten,
damit ihr seinen Willen tut.

Hebräer 13,20-21

Der Tod Christi ging seiner Auferstehung nicht bloß voraus – der Tod war der Preis, den Jesus dafür bezahlt hat. Darum steht in Hebräer 13,20, dass Gott ihn aus den Toten heraufgeführt hat »durch das Blut eines ewigen Bundes«.

Das »Blut des … Bundes« ist das Blut Jesu. Wie er schon sagte: »Dies ist mein Blut des Bundes« (Matthäus 26,28). Wenn die Bibel vom Blut Jesu spricht, bezieht sie sich auf seinen Tod. Durch das bloße Bluten hätte niemals eine Erlösung stattgefunden. Sein *Ver*bluten ist ausschlaggebend.

Worin besteht jetzt der Zusammenhang zwischen diesem Blutvergießen Jesu und der Auferstehung? Die Bibel sagt, dass er nicht einfach *nach* dem Blutvergießen, sondern *durch* sein Blutvergießen auferweckt wurde. Das bedeutet: Der Tod Christi war so vollkommen, dass die Auferstehung die *Belohnung* und *Rechtfertigung* für das war, was Christus im Tod erreicht hat.

Der Zorn Gottes wurde durch Jesu Leiden und Tod gestillt. Der heilige Fluch gegen die Sünde war vollkommen absorbiert. Christi Gehorsam war absolut vollendet worden. Der Preis der Vergebung war komplett bezahlt. Die Gerechtigkeit Gottes war vollständig bewiesen. Es fehlte nur noch eine öffentliche Bestätigung Gottes. Diese gab er durch die Auferweckung Jesu von den Toten.

Wenn die Bibel sagt: »Wenn aber Christus nicht auferweckt ist, so ist euer Glaube nichtig, so seid ihr noch in euren Sünden« (1. Korinther 15,17), heißt das nicht, die Auferstehung sei der

Preis für unsere Sünden. Es bedeutet, dass die Auferstehung beweist, dass der Tod Jesu ein völlig ausreichender Preis ist. Wenn Jesus nicht von den Toten auferstanden ist, dann war sein Tod ein Fehlschlag. Gott hätte seinen stellvertretenden Tod nicht anerkannt, und wir wären immer noch in unseren Sünden.

Tatsache ist aber, dass »Christus aus den Toten auferweckt worden ist durch die Herrlichkeit Gottes« (Römer 6,4). Der Erfolg seines Leidens und seines Todes wurde bestätigt. Und wenn wir unser Vertrauen in Christus setzen, sind wir *nicht* mehr in unseren Sünden. Denn »durch das Blut eines ewigen Bundes« ist der Große Hirte auferweckt worden und lebt ewig.

Um den Reichtum der Liebe und Gnade Gottes für Sünder zu offenbaren

Denn kaum wird jemand für einen Gerechten sterben;
denn für den Gütigen möchte vielleicht jemand
auch zu sterben wagen.
Gott aber erweist seine Liebe zu uns darin,
dass Christus, als wir noch Sünder waren, für uns gestorben ist.

Römer 5,7-8

Denn so hat Gott die Welt geliebt,
dass er seinen eingeborenen Sohn gab,
damit jeder, der an ihn glaubt, nicht verloren geht,
sondern ewiges Leben hat.

Johannes 3,16

In ihm haben wir die Erlösung durch sein Blut,
die Vergebung der Vergehungen,
nach dem Reichtum seiner Gnade,

Epheser 1,7

Wie sehr Gott uns liebt, können wir an zwei Dingen erkennen. Zum einen an der Größe seines Opfers, um uns vor der Strafe für unsere Sünden zu erretten. Zum anderen an der Größe unserer Unwürdigkeit, als er uns errettete.

Wir können das Ausmaß seines Opfer in den Worten hören: »Denn so hat Gott die Welt geliebt, dass er seinen eingeborenen Sohn gab« (Johannes 3,16). Wir erkennen es auch an dem Wort *Christus*. Das ist ein Name, der auf den griechischen Titel *Christos* zurückgeht, was »der Gesalbte« oder »Messias« bedeutet. Dies ist ein Titel von großer Würde. Der Messias sollte der König Israels sein. Er würde die Römer besiegen und Israel den Frieden und Sicherheit bringen. Doch die Person, die Gott sandte, um Sünder zu retten, war sein eigener Sohn, sein *einzi-*

ger Sohn und der gesalbte König Israels – in der Tat, der König der Welt (Jesaja 9,6-7).

Wenn wir außerdem noch den schrecklichen Kreuzestod Jesu betrachten, wird klar: Das Opfer des Vaters und des Sohnes war unbeschreiblich groß. Wenn man die enorme Distanz zwischen Gott und Mensch bedenkt, war es sogar unendlich groß. Doch Gott entschloss sich zu diesem Opfer, um uns zu retten.

Seine Liebe zu uns erscheint sogar noch größer, wenn wir uns unserer Unwürdigkeit bewusst sind. »Denn kaum wird jemand für einen Gerechten sterben; denn für den Gütigen möchte vielleicht jemand auch zu sterben wagen. Gott aber erweist seine Liebe gegen uns darin, dass Christus, *als wir noch Sünder waren,* für uns gestorben ist« (Römer 5,7-8). Wir hatten göttliche Strafe verdient, nicht ein göttliches Opfer.

Ich habe einmal den Spruch gehört: »Gott ist nicht für Frösche gestorben. Also hat er auf unseren Wert als Menschen reagiert.« Das dreht die Gnade auf den Kopf. Wir sind sogar *schlechter* als Frösche. Die haben weder gesündigt noch haben sie gegen Gott rebelliert und ihn mit Verachtung behandelt, als ob er in ihrem Leben nichts bedeutet. Gott musste nicht für Frösche sterben. Frösche sind nicht schlecht genug. Aber wir sind es. Unsere Schuld ist so groß, dass sie nur mit einem göttlichen Opfer beglichen werden kann.

Es gibt nur eine Erklärung des Opfers Gottes für uns. Es liegt nicht an uns. Es liegt am »Reichtum seiner Gnade« (Epheser 1,7). Die Errettung ist umsonst. Sie ist nicht die Antwort auf unseren Wert. Es ist das Überströmen seines unendlichen Wertes. Ja, Gottes Liebe ist seine Leidenschaft, mit der er – unter großen Kosten – unwürdige Sünder begeistert und ihnen für immer das größte Glück schenkt, nämlich seine unendliche Herrlichkeit.

6

Um zu zeigen, wie sehr er uns liebt

Christus hat uns geliebt und sich selbst für uns hingegeben als Opfergabe und Schlachtopfer.

Epheser 5,2

Christus hat die Gemeinde geliebt und sich selbst für sie hingegeben.

Epheser 5,25

Er hat mich geliebt und sich selbst für mich hingegeben.

Galater 2,20

Der Tod Christi veranschaulicht nicht nur *Gottes Liebe* (Johannes 3,16), sondern ist auch der höchste Ausdruck der *Liebe Christi* für alle, die diese Liebe als ihren Schatz annehmen. Die Zeugen aus der Frühkirche, die am meisten für ihren christlichen Glauben leiden mussten, waren von dieser Tatsache ergriffen: Christus, »der mich geliebt und sich selbst für mich hingegeben hat« (Galater 2,20). Sie nahmen Christi Selbstaufopferung sehr persönlich. Sie sagten: »Er liebte *mich*. Er hat sich für *mich* geopfert.«

Natürlich sollten wir das Leiden und Sterben Jesu Christi auch so verstehen. Es hat etwas mit mir zu tun und zeigt Christi Liebe für mich ganz persönlich. Es ist *meine* Sünde, die mich von Gott trennt, nicht die Sünde allgemein. Es ist *meine* Herzenskälte und *meine* geistige Taubheit, die die Würde Christi erniedrigen. Ich bin verdammt und verloren. Wenn es darauf ankommt, gerettet zu werden, habe ich alle Ansprüche auf Gerechtigkeit verwirkt. Alles, was ich machen kann, ist um Gnade bitten.

Dann sehe ich Christus leiden und sterben. Für wen? Es heißt: »Wie auch der Christus die Gemeinde geliebt und sich selbst für sie hingegeben hat« (Epheser 5,25).

»Größere Liebe hat niemand als die, dass er sein Leben hingibt für seine Freunde« (Johannes 15,13). »Gleichwie der Sohn des Menschen nicht gekommen ist, um bedient zu werden, sondern um zu dienen und sein Leben zu geben als Lösegeld für viele« (Matthäus 20,28).

Jetzt frage ich mich, gehöre ich zu den »vielen«? Gehöre ich zu seinen »Freunden«? Darf ich zu der »Gemeinde« gehören? Und ich höre die Antwort: »Glaube an den Herrn Jesus, und du wirst errettet werden« (Apostelgeschichte 16,31). »Denn jeder, der den Namen des Herrn anrufen wird, wird errettet werden« (Römer 10,13). »Dass jeder, der an ihn glaubt, Vergebung der Sünden empfängt durch seinen Namen« (Apostelgeschichte 10,43). »So viele ihn aber aufnahmen, denen gab er das Recht, Kinder Gottes zu werden, denen, die an seinen Namen glauben« (Johannes 1,12). »Denn so hat Gott die Welt geliebt, damit jeder, der an ihn glaubt, nicht verloren gehe, sondern ewiges Leben habe« (Johannes 3,16).

Das bewegt mein Herz und ich nehme diese wunderbare und großzügige Gabe Jesu als kostbares Geschenk an. Dann strömt diese großartige Tatsache in mein Herz – die Liebe Christi zu mir. Also kann ich mit den frühen Zeugen sagen: »Er liebt mich und hat sich für mich geopfert.«

Was meine ich jetzt damit? Ich meine, dass er den höchsten Preis, den es gibt, für mich bezahlt hat, um mir das größte Geschenk, das es gibt, zu machen. Und was ist das? Es ist das Geschenk, um das er am Ende seines Lebens bat: »Vater, ich will, dass die, welche du mir gegeben hast, auch bei mir seien, wo ich bin, damit sie meine Herrlichkeit schauen« (Johannes 17,24). In seinem Leiden und Sterben »haben wir seine Herrlichkeit angeschaut, eine Herrlichkeit als eines Eingeborenen vom Vater, voller Gnade und Wahrheit« (Johannes 1,14). Wir haben genug gesehen, um uns für seine Sache erobern zu lassen. Aber das Beste kommt noch. Er starb, um dies herrliche Zukunft für uns zu sichern. Das ist die Liebe Christi.

7

Um die Rechtsforderungen des Gesetzes an uns zu tilgen

Und euch, die ihr tot wart in den Vergehungen ...
hat er mit lebendig gemacht mit ihm,
indem er uns alle Vergehungen vergeben hat.
Er hat den Schuldschein gegen uns gelöscht,
den in Satzungen bestehenden, der gegen uns war,
und ihn auch aus unserer Mitte fortgeschafft,
indem er ihn ans Kreuz nagelte.

Kolosser 2,13-14

Es ist töricht zu denken, dass unsere guten Taten vielleicht eines Tages die schlechten ausgleichen werden. Das ist aus zwei Gründen dumm.

Erstens, *es ist nicht wahr*. Sogar unsere guten Taten sind mangelhaft, weil wir dabei nicht Gott ehren. Vollbringen wir unsere guten Taten in freudiger Abhängigkeit von Gott und mit der Absicht seine höchste Würdigkeit zu bekunden? Erfüllen wir den allumfassenden Befehl, anderen Menschen zu dienen »aus der Kraft Gottes, die Gott darreicht, damit in allem Gott verherrlicht werde durch Jesus Christus« (1. Petrus 4,11)?

Was könnten wir auf Gottes Wort antworten: »Alles aber, was nicht aus Glauben ist, ist Sünde« (Römer 14,23)? Ich glaube, wir hätten keine Antwort. »Wir wissen aber, daß alles, was das Gesetz sagt, es denen sagt, die unter dem Gesetz sind, damit jeder Mund verstopft werde« (Römer 3,19). Wir sollten still sein. Es ist dumm zu denken, dass unsere guten Taten die schlechten vor Gott ausgleichen werden. Ohne den Glauben, der Christus erhöht, sind unsere Taten nichts anderes als Rebellion.

Der zweite Grund, warum es töricht ist, sich auf die guten Taten zu verlassen, ist: Sie sind *nicht Gottes Weg zur Rettung*. Wenn wir vor den Konsequenzen unserer schlechten Taten gerettet werden, geschieht das nicht, weil sie weniger ins Gewicht fallen als unsere guten.

Wir werden nur gerettet, weil unser »Schuldbrief« im Himmel an das Kreuz Christi genagelt wurde. Gott bewertet nicht die guten Taten der Sünder, sondern er rettet sie auf ganz andere Weise. Unsere Taten bieten keine Hoffnung. Hoffnung bietet einzig das Leiden und Sterben Christi.

Es gibt keine Rettung, indem man das Strafkonto ausgleicht. Es gibt nur Rettung, indem das Strafkonto getilgt wird. Das Register unserer schlechten Taten (unsere mangelhaften guten Taten eingeschlossen) und die gerechten Strafen, die jeder verdient, müssen ausgelöscht werden, nicht ausgeglichen. Für diesen Zweck litt und starb Christus.

Dieses Austilgen geschah, als der Schuldbrief unserer Taten »ans Kreuz genagelt« wurde (Kolosser 2,14). Wie wurde dieser verdammende Schuldbrief ans Kreuz genagelt? Es wurde kein Pergament ans Kreuz genagelt. Christus wurde ans Kreuz genagelt und wurde so zu meinem verdammenden Schuldbrief der schlechten (und guten) Taten. Er ertrug meine Verdammung. Er setzte meine Rettung auf einen ganz anderen Grund. Er ist meine einzige Hoffnung, und mein Glaube in Christus ist mein einziger Weg zu Gott.

8

Um sein Leben als Lösegeld für viele zu geben

Denn auch der Sohn des Menschen ist nicht gekommen, um bedient zu werden, sondern um zu dienen und sein Leben zu geben als Lösegeld für viele.

Markus 10,45

Es wird in der Bibel kein einziges Mal gesagt, dass Satan bezahlt werden musste, damit Sünder gerettet werden können. Als Christus starb, wurde Satan nicht bezahlt, sondern besiegt. Der Sohn Gottes wurde Mensch, »um durch den Tod den zunichte zu machen, der die Macht des Todes hat, das ist den Teufel« (Hebräer 2,14). Es gab keine Verhandlung.

Als Jesus sagte, dass er kam, um »sein Leben als Lösegeld zu geben«, ging es nicht darum, wer die Zahlung bekommt. Es ging um sein eigenes Leben als Zahlung, um seine Freiheit zu dienen und nicht um sich bedienen zu lassen und um die »vielen«, für die er zahlen würde.

Wenn wir fragen, wer das Lösegeld bekam, ist die einzige biblische Antwort, dass es Gott war. Die Bibel sagt, dass Christus »sich selbst für uns hingegeben hat, als Opfergabe« *für Gott* (Epheser 5,2). Christus hat »sich selbst durch den ewigen Geist (als Opfer) ohne Fehler *Gott* dargebracht« (Hebräer 9,14). Jemand musste stellvertretend für uns sterben, weil wir gegen *Gott* gesündigt haben und die Herrlichkeit *Gottes* nicht erlangen (Römer 3,23). Wegen unserer Sünde ist »die ganze Welt dem Gericht *Gottes* verfallen« (Römer 3,19). Wenn Christus sich selbst als Lösegeld für uns gegeben hat, dann sagt die Bibel, dass wir von Gott nicht mehr verdammt werden. »Also gibt es jetzt keine Verdammnis für die, welche in Christus Jesus sind« (Römer 8,1). Die schreckliche Gefangenschaft, aus der wir freigekauft werden müssen, ist das letztendliche »Gericht *Gottes*« (Römer 2,2; Offenbarung 14,7).

Das Lösegeld für diese Rettung vor Gottes Verdammnisurteil

ist das Leben Christi. Es ist nicht nur sein gelebtes Leben, sondern sein Leben, das dem Tode übergeben wurde. Jesus sagte wiederholt zu seinen Jüngern: »Der Sohn des Menschen wird überliefert in der Menschen Hände, und sie werden ihn töten« (Markus 9,31). Ein Grund, warum Jesus sich selbst gerne »Menschensohn« nannte (mehr als 65-mal in den Evangelien), war, weil es auch seine Sterblichkeit ausdrückte. Menschen können sterben. Deswegen musste er ein Mensch sein. Das Lösegeld konnte nur vom Menschensohn bezahlt werden, weil das Lösegeld Leben war, das im Tode übergeben wurde.

Zu diesem Preis war er nicht genötigt worden. Das zeigt die Aussage: »Der Sohn des Menschen ist nicht gekommen, um bedient zu werden, sondern um zu dienen.« Er brauchte keinen Dienst von uns. Er war der Geber, nicht der Empfänger. »Niemand nimmt es von mir, sondern ich lasse es von mir selbst. Ich habe Vollmacht, es wieder zu nehmen« (Johannes 10,18). Der Preis war nicht unter Zwang, sondern freiwillig bezahlt worden. Das erinnert uns wieder an seine Liebe. Er entschied sich freiwillig, auf Kosten seines Lebens, uns zu retten.

Wie viele hat Christus tatsächlich von der Sünde erlöst? Er sagte, dass er kam, um »sein Leben zu geben als Lösegeld *für viele*«. Aber nicht jeder wird dem Zorn Gottes entgehen. Aber das *Angebot* gilt allen Menschen. »Denn einer ist Gott, und einer ist Mittler zwischen Gott und Menschen, der Mensch Christus Jesus, der sich selbst als Lösegeld *für alle* gab« (1. Timotheus 2,5-6). Keiner, der dieses kostbare Geschenk Christi annimmt, ist von dieser Rettung ausgeschlossen.

9

Zur Vergebung unserer Sünden

In ihm haben wir die Erlösung durch sein Blut,
die Vergebung der Vergehungen,
nach dem Reichtum seiner Gnade.

EPHESER 1,7

Denn dies ist mein Blut des Bundes,
das für viele vergossen wird zur Vergebung der Sünden.

MATTHÄUS 26,28

Wenn wir eine Schuld erlassen oder eine Beleidigung oder eine Verletzung vergeben, dann fordern wir keine Ausgleichszahlung. Das wäre das Gegenteil von Vergebung. Wenn wir für einen Verlust einen Ausgleich bekommen, dann brauchen wir nicht mehr vergeben. Die Schuld ist beglichen worden.

Vergebung setzt Gnade voraus. Wenn Sie mich verletzen, dann wird die Gnade es wieder gutmachen. Ich werde sie nicht verklagen. Ich vergebe Ihnen. Gnade gibt, was jemand nicht verdient. Darum steckt in *Vergebung* das Wörtchen *geben*. Ver*geben* bedeutet nicht einen Ausgleich zu *bekommen*. Man verzichtet auf das Recht heimzuzahlen.

Das tut Gott mit uns, wenn wir Christus vertrauen: »Diesem geben alle Propheten Zeugnis, dass jeder, der an ihn glaubt, Vergebung der Sünden empfängt durch seinen Namen« (Apostelgeschichte 10,43). Wenn wir an Christus glauben, hält Gott uns nicht länger die Sünde vor. Das ist Gottes eigenes Zeugnis in der Bibel: »Ich, ich bin es, der deine Verbrechen auslöscht um meinetwillen, und deiner Sünden will ich nicht mehr gedenken« (Jesaja 43,25). »So fern der Osten ist vom Westen, hat er von uns entfernt unsere Vergehen« (Psalm 103,12).

Aber das wirft ein neues Problem auf. Wir alle wissen, dass Vergebung nicht ausreicht. Das können wir erst begreifen, wenn es um einen großen Schaden geht – wie bei einem Mord oder einer Vergewaltigung. Weder die Gesellschaft noch das Universum kann bestehen, wenn der Richter (oder Gott) einfach nur jedem Mörder und Vergewaltiger erklären: »Tut es Ihnen Leid? Gut. Der Staat vergibt Ihnen. Sie können gehen.« An diesem Beispiel sehen wir, dass ein Staat Gerechtigkeit nicht einfach aufheben kann, auch wenn das Opfer vergebungsbereit ist.

Genauso ist es auch mit Gottes Gerechtigkeit. Jede Sünde ist ernst, weil sie sich gegen Gott richtet (siehe Kapitel 1). Seine Herrlichkeit wird verletzt, wenn wir ihn ignorieren oder ihm nicht gehorchen oder ihn lästern. Seine Gerechtigkeit erlaubt ihm genauso wenig uns freizusprechen, wie ein weltlicher Richter einem Kriminellen die Schuld erlassen kann. Der Schaden, den wir Gottes Herrlichkeit durch unsere Sünden zufügen, muss wieder gutgemacht werden, damit seine Herrlichkeit in der Gerechtigkeit noch heller leuchtet. Damit wir Kriminellen straffrei ausgehen und Vergebung erfahren, muss eindrücklich vor Augen geführt werden, dass die Ehre Gottes aufrechterhalten wird, auch wenn ehemalige Gotteslästerer freigesprochen werden.

Darum litt und starb Christus. »In ihm haben wir die Erlösung *durch sein Blut*, die Vergebung der Vergehungen« (Epheser 1,7). Vergebung kostet uns nichts. Unser Gehorsam ist die Frucht der Vergebung und nicht ihr Ursprung. Darum nennen wir es Gnade. Aber es kostete Jesus sein Leben. Darum nennen wir es gerecht. Wie kostbar ist doch die Botschaft, dass Gott uns nicht unsere Sünden vorhält! Und wie wunderbar ist doch Christus, dessen Blut uns vor Gott gerecht macht.

Um die Grundlage für unsere Rechtfertigung zu schaffen

Wir sind jetzt durch sein Blut gerechtfertigt.

Römer 5,9

Wir werden umsonst gerechtfertigt durch seine Gnade, durch die Erlösung, die in Christus Jesus ist.

Römer 3,24

Der Mensch wird durch Glauben gerechtfertigt, ohne Gesetzeswerke.

Römer 3,28

Vor Gott gerechtfertigt zu sein und von ihm Vergebung erfahren zu haben sind zwei verschiedene Dinge. Im Gerichtssaal gerechtfertigt zu sein, ist nicht dasselbe wie Vergebung zu bekommen. Vergebung heißt, dass ich schuldig bin, aber meine Vergehen mir nicht angelastet wird. Gerechtfertigt zu sein bedeutet, dass ich angeklagt und für unschuldig erklärt wurde. Ich bin falsch angeklagt worden. Ich bin gerechtfertigt. Der *Richter* verkündet: »Nicht schuldig.«

Rechtfertigung ist eine juristische Handlung. Es bedeutet, jemanden für gerecht erklären. Sie ist ein Urteil. Das Urteil der Rechtfertigung *macht* aber keinen Menschen gerecht. Es *erklärt* eine Person für gerecht.

Sie besteht darauf, dass jemand wirklich gerecht ist. Am deutlichsten sehen wir das, wenn die Bibel uns berichtet, dass die Menschen, als sie Jesus zuhörten, *Gott* »rechtfertigten« (Lukas 7,29). Das heißt nicht, dass sie Gott gerecht *machten* (da er es schon längst war). Es bedeutet, dass sie Gott für gerecht erklärten.

Die moralische Veränderung, die wir erfahren, wenn wir Christus vertrauen, ist nicht Rechtfertigung. Die Bibel nennt das gewöhnlich Heiligung – der Vorgang der Veränderung zum Guten.

Rechtfertigung ist nicht dieser Prozess. Sie ist überhaupt kein Prozess. Sie ist eine Erklärung, die zu einem Zeitpunkt passiert. Ein Urteil: Gerechtfertigt! Gerecht!

Um vor einem weltlichen Gericht gerechtfertigt zu werden, muss man das Gesetz halten. In diesem Fall erklären die Geschworenen und der Richter einfach, was der Wahrheit entspricht: Sie haben das Gesetz befolgt. Dann werden sie für gerecht erklärt. Aber im Gerichtssaal Gottes haben wir das Gesetz *nicht* gehalten. Daher ist Rechtfertigung im herkömmlichen Sinn nicht möglich. Die Bibel sagt sogar: »Wer den Schuldigen gerecht spricht und wer den Gerechten für schuldig erklärt – ein Gräuel für den Herrn sind alle beide« (Sprüche 17,15). Trotzdem heißt es erstaunlicherweise, dass Gott durch Christus den Gottlosen, der auf seine Gnade vertraut, rechtfertigt (Römer 4,5). Gott scheint ein Gräuel zu tun.

Warum ist es aber kein Gräuel? Oder wie die Bibel es ausdrückt: wie kann Gott »gerecht sein *und* den rechtfertigen, der [nur!] des Glaubens an Jesus ist« (Römer 3,26)? Für Gott ist es aus zwei Gründen nicht schrecklich, den Gottlosen, der ihm vertraut, zu rechtfertigen. Der eine Grund ist, dass *Christus sein Blut vergoss, um die Schuld unserer Vergehen zu tilgen.* So steht es geschrieben: »Da wir jetzt durch *sein Blut* gerechtfertigt sind« (Römer 5,9). Aber das bedeutet, unsere Schuld wurde nur weggenommen. Das erklärt uns nicht für gerecht. Unsere Schuld der Gesetzesübertretung zu löschen, ist nicht dasselbe wie uns zu Gesetzestätern zu erklären. Wenn ein Lehrer einen Test, der ein mangelhaft erhalten hat, einfach aus dem Klassenheft streicht, dann heißt das nicht, dass er den Test gut benotet hat. Wenn die Bank mir die Schulden auf meinem Konto erlassen würde, dann wäre das nicht das Gleiche, wie zu sagen, ich wäre reich. Genauso ist es mit unseren Sünden. Unsere Sünden zu löschen ist nicht das Gleiche wie uns für gerecht erklären. Es muss eine Tilgung vorgenommen werden. Das ist für die Rechtfertigung wesentlich. Aber es geht darüber hinaus. Es gibt noch einen weiteren Grund, warum es für Gott kein Gräuel ist, den Gottlosen durch seinen Glauben zu rechtfertigen. Dazu wenden wir uns dem nächsten Kapitel zu.

Um den Gehorsam zu vollenden, der uns zur Gerechtigkeit wird

... erniedrigte er sich selbst und wurde gehorsam bis zum Tod, ja, zum Tod am Kreuz.

Philipper 2,8

Denn wie durch des einen Menschen Ungehorsam die vielen in die Stellung von Sündern versetzt worden sind, so werden auch durch den Gehorsam des einen die vielen in die Stellung von Gerechten versetzt werden.

Römer 5,19

Den, der Sünde nicht kannte, hat er für uns zur Sünde gemacht, damit wir Gottes Gerechtigkeit würden in ihm.

2. Korinther 5,21

... indem ich nicht meine Gerechtigkeit habe, die aus dem Gesetz ist, sondern die durch den Glauben an Christus.

Philipper 3,9

Rechtfertigung ist nicht nur die Tilgung meiner Schuld. Bei der Rechtfertigung wird mir auch die Gerechtigkeit Christi zugerechnet. Mit meiner eigenen Gerechtigkeit kann ich vor Gott nicht bestehen. Ich kann Gott nur erklären: »Indem ich nicht meine Gerechtigkeit habe, die aus dem Gesetz ist, sondern die durch den Glauben an Christus« (Philipper 3,9).

Das ist Christi Gerechtigkeit. Sie wird mir zugerechnet. Das bedeutet, Christus ist vollkommen gerecht gemacht worden und diese vollkommene Gerechtigkeit wurde mir durch meinen Glauben zugerechnet. Ich wurde gerecht gesprochen. Gott schaute auf Christi vollkommene Gerechtigkeit und erklärte mich durch Christi Gerechtigkeit für gerecht.

Es gibt also zwei Gründe, warum es für Gott kein Gräuel ist, den Gottlosen zu rechtfertigen (Römer 4,5). Erstens *bezahlte Christus mit seinem Tod die Schulden unserer Ungerechtigkeit* (siehe vorhergehendes Kapitel). Zweitens *bekamen wir durch Christi Gehorsam die Gerechtigkeit geschenkt, die nötig war, um in Gottes Gericht gerechtfertigt zu werden.* Um das ewige Leben zu bekommen, fordert Gott nicht nur, dass unsere Ungerechtigkeit einfach ausgelöscht, sondern dass unsere Gerechtigkeit vollkommen gemacht wird.

Das Leiden und Sterben Christi ist die Basis von beidem. Sein Leiden ist das Leiden, dass wir für unsere Ungerechtigkeit verdient hätten. »Doch er war durchbohrt um unserer Vergehen willen, zerschlagen um unserer Sünden willen« (Jesaja 53,5). Aber sein Leiden und Sterben war auch der Höhepunkt und die Vollendung des Gehorsams, der die Grundlage für unsere Rechtfertigung darstellte. Er »wurde gehorsam bis zum Tod, ja, zum Tod am Kreuz« (Philipper 2,8). Sein Tod war der Höhepunkt seines Gehorsams. Darauf bezieht sich die Bibel in dem Vers: »So werden auch durch den Gehorsam des einen die vielen in die Stellung von Gerechten gesetzt werden« (Römer 5,19).

Daher war der Tod Christi die Grundlage für unsere Vergebung und Vollkommenheit. »Den, der Sünde nicht kannte, hat er für uns zur Sünde gemacht, damit wir Gottes Gerechtigkeit würden in ihm« (2. Korinther 5,21). Was bedeutet es, dass Gott den sündlosen Christus zur Sünde machte? Es bedeutet, dass unsere Sünde ihm zugerechnet wurde und er unsere Vergebung wurde. Und was heißt es, dass wir (die Sünder) die Gerechtigkeit Gottes in Christus werden? Es bedeutet, dass Christi Gerechtigkeit uns zugerechnet und unsere Vollkommenheit wird.

Christus gebührt die Ehre für den Sieg, den er in seinem Leiden und Sterben für uns erreicht hat! Ihm gebührt Ehre für die Vergebung unserer Sünden und dafür, dass er unsere Gerechtigkeit erwirkt hat. Lasst uns ihn für seinen großen Gewinn anbeten und loben und ihm vertrauen.

12

Um unsere Verdammnis wegzunehmen

Wer ist, der verdamme? Christus Jesus ist es,
der gestorben, ja noch mehr, der auferweckt,
der auch zur Rechten Gottes ist,
der sich auch für uns verwendet.

Römer 8,34

Das Leiden und Sterben Christi lässt nur eine Schlussfolgerung zu: »Also gibt es jetzt keine Verdammnis für die, welche in Christus Jesus sind« (Römer 8,1). »In Christus« zu sein heißt, durch den Glauben eine Beziehung zu ihm zu haben. Glaube in Christus verbindet uns mit Christus so sehr, dass sein Tod zu unserem Tod und seine Vollkommenheit zu unserer Vollkommenheit wird. Christus wird zu unserer Bestrafung (die wir nicht ertragen müssen) und zu unserer Vollkommenheit (die wir nicht erfüllen können).

Der Glaube ist nicht die Grundlage dafür, dass Gott uns annimmt. Nur Christus allein ist die Grundlage. Der Glaube verbindet uns mit Christus, so dass seine Gerechtigkeit als unsere angesehen wird. »Wir wissen, dass der Mensch nicht aus Gesetzeswerken gerechtfertigt wird, sondern nur durch den Glauben an Christus Jesus, haben wir auch an Christus Jesus geglaubt, damit wir aus Glauben an Christus gerechtfertigt werden und nicht aus Gesetzeswerken, weil aus Gesetzeswerken kein Fleisch gerechtfertigt wird« (Galater 2,16). Durch den »Glauben gerechtfertigt« zu sein und »in Christus gerechtfertigt« zu sein (Galater 2,17) sind gleichbedeutend. Wir sind durch den Glauben in Christus und daher gerechtfertigt.

Wenn man fragt: »Wer ist, der verdamme?«, dann ahnt man schon die Antwort. Niemand! Dann wird die Grundlage erklärt: »Christus Jesus ist es, der gestorben ist.« Der Tod Christi rettet uns vor der Verdammnis. Dass wir nicht verdammt werden, ist so sicher wie, dass Christus gestorben ist. In Gottes Gerichtssaal gibt es keine doppelte Bestrafung. Wir werden nicht zweimal für die gleichen Vergehen bestraft. Christus ist einmal für unsere Sünden gestorben. Für sie werden wir nicht verdammt. Verdammnis ist nicht deswegen weggenommen, weil es keine gibt, sondern weil sie schon stattgefunden hat.

Aber wie steht es um die Verdammung durch die Welt? Ist das nicht eine Antwort auf die Frage: »Wer ist, der verdamme?« Werden Christen nicht von der Welt verdammt? Es hat schon viele Märtyrer gegeben. Die Antwort ist, dass niemand uns *erfolgreich* verdammen kann. Es kann Anklage erhoben werden, aber keine wird letztendlich bestehen können. »Wer wird gegen Gottes Auserwählte Anklage erheben? Gott ist es, der rechtfertigt« (Römer 8,33). Es ist das Gleiche wie die Frage der Bibel: »Wer wird uns scheiden von der Liebe Christi? Drangsal oder Angst oder Verfolgung oder Hungersnot oder Blöße oder Gefahr oder Schwert?« (Römer 8,35). Die Antwort darauf ist nicht, dass Christen davon verschont bleiben. Die Antwort ist: »Aber in diesen allen sind wir mehr als Überwinder durch den, der uns geliebt hat« (Römer 8,37).

Die Welt wird uns noch verdammen, vielleicht sogar durch das Schwert. Aber wir wissen, dass das höchste Gericht schon zu unseren Gunsten entschieden hat: »Wenn Gott für uns ist, wer gegen uns?« (Römer 8,31). Niemand wird uns erfolgreich verurteilen. Wenn sie uns ablehnen, er nimmt uns an. Wenn sie uns hassen, er liebt uns. Wenn sie uns gefangen nehmen, befreit er unseren Geist. Wenn sie uns plagen, läutert er uns durch dieses Feuer. Wenn sie uns töten, schafft er daraus den Weg ins Paradies. Sie können uns nicht schlagen. Christus ist gestorben. Christus ist auferstanden. Wir leben in ihm. Und in ihm gibt es keine Verdammnis. Uns ist vergeben worden, und wir sind gerechtfertigt. »Der Gerechte aber fühlt sich sicher wie ein Junglöwe« (Sprüche 28,1).

13

Um die Beschneidung und alle Rituale als Grundlage der Errettung abzuschaffen

Ich aber, Brüder, wenn ich noch Beschneidung predige …
Dann ist ja das Ärgernis des Kreuzes beseitigt.

Galater 5,11

So viele im Fleisch gut angesehen sein wollen,
die nötigen euch, beschnitten zu werden,
nur damit sie nicht um des Kreuzes Christi willen
verfolgt werden.

Galater 6,12

Wegen der Beschneidung gab es in den ersten jungen Gemeinden einen großen Streit. Sie war ein schon lang bestehender biblischer Brauch, der von Gott in 1. Mose 17,10 angeordnet worden war. Christus war Jude. Alle seine zwölf Jünger waren Juden. Fast alle, die sich zum christlichen Glauben bekehrten, waren Juden. Die jüdischen Schriften waren (und sind) ein Teil der Bibel der Christen. Es überrascht nicht, dass jüdische Rituale Einfluss auf die christliche Kirche nahmen.

Und so war es auch. Und mit ihnen kam der Streit. Die Botschaft Christi breitete sich auf nichtjüdische Städte wie Antiochien in Syrien aus. Heiden glaubten an Christus. Die dringende Frage entstand: In welcher Beziehung stand die zentrale Aussage des Evangeliums zum Ritual der Beschneidung? In welcher Beziehung standen die Rituale zum Evangelium Christi – die Botschaft, dass deine Sünden vergeben sind und du vor Gott gerechtfertigt bist, wenn du an ihn glaubst? Gott ist für dich. Du hast ewiges Leben.

In der ganzen heidnischen Welt predigten die Jünger Vergebung und Rechtfertigung allein durch Glauben. Petrus predigte: »Diesem [Christus] geben alle Propheten Zeugnis, dass jeder, der an ihn glaubt, *Vergebung der Sünden* empfängt durch seinen

Namen« (Apostelgeschichte 10,43). Paulus predigte: »So sei es euch nun kund, ihr Brüder, daß durch diesen euch Vergebung der Sünden verkündigt wird; und von allem, wovon ihr durch das Gesetz Moses nicht gerechtfertigt werden konntet, wird durch diesen jeder Glaubende gerechtfertigt« (Apostelgeschichte 13,38-39).

Aber was ist mit der Beschneidung? Manche in Jerusalem hielten sie für notwendig. Antiochien wurde zum Anziehungspunkt dieser Kontroverse. »Und einige kamen von Judäa herab und lehrten die Brüder: Wenn ihr nicht beschnitten worden seid ..., so könnt ihr nicht errettet werden« (Apostelgeschichte 15,1). Eine Versammlung wurde einberufen, um über die Angelegenheit zu diskutieren.

> *Einige ... traten auf und sagten: Man muss sie beschneiden und ihnen gebieten, das Gesetz Moses zu halten ... Petrus stand auf und sprach zu ihnen: Ihr Brüder, ihr wisst, dass Gott mich vor langer Zeit unter euch ausgewählt hat, dass die Nationen durch meinen Mund das Wort des Evangeliums hören und glaube sollten ... was versucht ihr Gott, ein Joch auf den Hals der Jünger zu legen, das weder unsere Väter noch wir zu tragen vermochten? Vielmehr glauben wir, durch die Gnade des Herrn Jesus in derselben Weise errettet zu werden wie auch jene. Die ganze Menge aber schwieg. (Apostelgeschichte 15,5-12)*

Niemand konnte dieser Angelegenheit klarer auf den Grund gehen als der Apostel Paulus. Der ganze Sinn des Leidens und Sterbens Christi stand auf dem Spiel. War Glaube an Christus genug, um uns mit Gott zu versöhnen? Die Antwort war klar. Wenn Paulus Beschneidung predigte, dann wäre »das Ärgernis des Kreuzes beseitigt« (Galater 5,11). Das Kreuz bedeutet Freiheit von der sklavischen Abhängigkeit von Ritualen. »Für die Freiheit hat Christus uns frei gemacht. Steht nun fest und lasst euch nicht wieder durch ein Joch der Sklaverei belasten« (Galater 5,1).

Um uns zum Glauben zu bringen und uns darin zu bewahren

Und er sprach zu ihnen: Dies ist mein Blut des Bundes,
das für viele vergossen wird.

Markus 14,24

Und ich werde einen ewigen Bund mit ihnen schließen,
dass ich mich nicht von ihnen abwende, ihnen Gutes zu tun.
Und ich werde meine Furcht in ihr Herz legen,
damit sie nicht von mir abweichen.

Jeremia 32,40

Die Bibel spricht von einem »alten Bund« und einem »neuen Bund«. Unter dem Begriff Bund versteht man eine heilige, gegenseitige Abmachung, die durch einen Schwur zwischen zwei Parteien in Kraft gesetzt wird und beiden Seiten bindende Verpflichtungen auferlegt. In der Bibel sind die Bündnisse, die Gott mit dem Menschen macht, von ihm eingeführt worden. Er stellt die Bedingungen. Seine Verpflichtungen werden durch seine eigenen Ziele bestimmt.

Der »alte Bund« bezieht sich auf die Vereinbarung, die Gott mit Israel gemacht hat und in Moses Gesetzen festgelegt ist. Die Schwächen des Bundes lagen darin, dass es keine geistliche Veränderung hervorrief. Daher wurde er auch gebrochen und brachte kein Leben. Er war in Steine geschrieben worden und nicht durch den Geist ins Herz.

Die Propheten versprachen einen »neuen Bund«, der anders sein würde. Er würde »nicht des Buchstabens, sondern des Geistes« sein. »Denn der Buchstabe tötet, der Geist aber macht lebendig« (2. Korinther 3,6)

Der Neue Bund ist völlig anders als der alte. Er hat seinen Grund und Bestand in Jesu Leiden und Sterben. »Und darum ist er Mittler eines neuen Bundes« (Hebräer 9,15). Jesus sagte, dass sein Blut das »Blut des Bundes« sei, »das für viele vergossen wird« (Markus 14,24). Das heißt, dass das Blut Jesu die Kraft und die Verheißungen des neuen Bundes erworben hat. Es ist höchst wirksam, weil Christus dafür starb.

Was sind denn jetzt die Bedingungen des Bundes, den er durch sein Blut unfehlbar sicherte? Der Prophet Jeremia beschreibt einige: »Ich schließe einen neuen Bund … das ist der Bund, den ich schließen werde … Ich werde mein Gesetz in ihr Inneres legen und werde es auf ihr Herz schreiben … Denn ich werde ihre Schuld vergeben und an ihre Sünde nicht mehr denken« (Jeremia 31,31-34). Das Leiden und der Tod Jesu Christi garantierten die geistliche Veränderung seiner Nachfolger (das Gesetz, das in ihre Herzen geschrieben ist) und die Vergebung ihrer Sünden.

Um zu garantieren, dass dieser Bund nicht versagt, ergreift Christus die Initiative, um den Glauben seiner Nachfolger zu erschaffen und ihre Treue zu sichern. Er ruft ein Volk des neuen Bundes ins Leben, indem er das Gesetz nicht einfach in einen Stein eingraviert, sondern in ihr Herz. Im Gegensatz zu den »Buchstaben« auf Stein, sagt er, dass der »Geist lebendig macht« (2. Korinther 3,6). »Gott aber … hat auch uns, die wir in den Vergehungen tot waren, mit dem Christus lebendig gemacht« (Epheser 2,5). Das ist das geistliche Leben, das uns befähigt, die Herrlichkeit Gottes zu sehen und daran zu glauben. Dieses Wunder erschafft das Volk des neuen Bundes. Dieses geistliche Leben ist sicher und garantiert, weil Christus es mit seinem eigenen Blut erkauft hat.

Und das Wunder ist nicht nur die Neuschöpfung unseres Glaubens, sondern auch das Sicherstellen unserer Treue. »Und ich werde meine Furcht in ihr Herz legen, damit sie nicht von mir abweichen« (Jeremia 32,40). Als Christus starb, hat er für sein Volk nicht nur neue Herzen gesichert, sondern auch eine neue Sicherheit geschaffen. Er wird nicht zulassen, dass sie sich von ihm abwenden. Er wird sie bewahren. Sie werden ausharren. Das Blut des Bundes garantiert das.

15

Um uns heilig, tadellos und vollkommen zu machen

Denn mit einem Opfer hat er die, die geheiligt werden,
für immer vollkommen gemacht.

Hebräer 10,14

Er hat euch nun versöhnt in dem Leib seines Fleisches
durch den Tod, um euch heilig und tadellos
und unsträflich vor sich hinzustellen.

Kolosser 1,22

Fegt den alten Sauerteig aus, damit ihr ein neuer Teig seid,
wie ihr ja bereits ungesäuert seid!
Denn auch unser Passahlamm, Christus,
ist geschlachtet.

1. Korinther 5,7

Was im christlichen Leben am meisten schmerzt, ist die Tatsache, dass wir uns nur langsam verändern. Wir hören die Aufforderung Gottes, ihn aus ganzen Herzen, mit ganzer Seele und mit ganzem Verstand und aller Kraft zu lieben (Markus 12,30). Aber werden wir jemals diesen vollkommenen Zustand der Liebe und Hingabe erreichen? Immer wieder seufzen wir wie der Apostel Paulus: »Ich elender Mensch! Wer wird mich retten von diesem Leibe des Todes?« (Römer 7,24). Wir stöhnen sogar, wenn wir neue Vorsätze machen: »Nicht, dass ich es schon ergriffen habe oder schon vollendet sei; ich jage ihm aber nach, ob ich es auch ergreifen möge, weil ich auch von Christus Jesus ergriffen bin« (Philipper 3,12).

Genau diese Aussage ist der Schlüssel zum Ausharren und zur Freude. »Ich bin von Christus Jesus ergriffen.« Mein ganzes Ausstrecken und Verlangen und Streben ist nicht, zu Christus zu gehören (was ja schon passiert ist), sondern das zu vervollständigen, was mir fehlt, um ihm ähnlich zu werden.

Eine der größten Quellen der Freude und Ausdauer für Christen ist, zu wissen, dass wir, trotz unserer unvollkommenen Entwicklung schon längst vollkommen gemacht worden sind – das verdanken wir dem Leiden und Sterben Christi. »Denn mit einem Opfer [nämlich ihn selbst!] hat er die, die geheiligt werden, für immer vollkommen gemacht« (Hebräer 10,14). Das ist erstaunlich! Im gleichen Satz sagt er, dass wir »geheiligt werden« und dass wir schon »vollkommen gemacht« worden sind.

Geheiligt werden heißt, dass wir nicht perfekt sind, sondern uns in einem Prozess befinden. Wir werden geheiligt – aber sind noch nicht ganz heilig. Und das sind genau diejenigen – und nur diejenigen – die schon vollkommen gemacht worden sind. Erfreulich ist hier die Ermutigung, dass der Beweis unserer Vollkommenheit vor Gott nicht unsere bereits erfahrenen Vollkommenheit ist, sondern unser Fortschritt, den wir machen. Die gute Nachricht ist: Unterwegs zu sein ist der Beweis dafür, dass wir das Ziel erreicht haben.

Die Bibel schildert das auch mit dem alten Gleichnis vom Teig und dem Sauerteig (Hefe). In dem Gleichnis ist der Sauerteig böse. Wir sind der reine Teig. Es heißt: »Fegt den alten Sauerteig aus, damit ihr ein neuer Teig seid, wie ihr ja bereits ungesäuert seid. Denn auch unser Passah, Christus, ist geschlachtet« (1. Korinther 5,7). Christen sind »ungesäuert«. Sie haben keinen Sauerteig – nichts Böses – in sich. Wir sind schon vollkommen gemacht. Aus diesem Grund sollen wir den »alten Sauerteig ausfegen«. In Christus sind wir ungesäuert. Also soll auch unser Lebenswandel dem entsprechen; er soll ungesäuert sein. Mit anderen Worten, wir sollen das werden, was wir schon sind.

Die Grundlage dafür ist: »Unser Passah, Christus, ist geschlachtet«. Das Leiden Christi stellt unsere Vollkommenheit auf so sicheren Grund, dass es jetzt schon Realität ist. Daher kämpfen wir gegen unsere Sünde nicht einfach nur, um vollkommen zu *werden*, sondern weil wir es schon *sind*. Der Tod Jesu ist der Schlüssel zum Kampf gegen unsere Unvollkommenheit auf der festen Grundlage unserer Vollkommenheit.

16

Um uns ein reines Gewissen zu geben

... wie viel mehr wird das Blut des Christus,
der sich selbst durch den ewigen Geist
als Opfer ohne Fehler Gott dargebracht hat,
euer Gewissen reinigen von toten Werken,
damit ihr dem lebendigen Gott dient!

Hebräer 9,14

Manche Dinge ändern sich nie. Das Problem eines schlechten Gewissens ist so alt wie Adam und Eva. In dem Moment, wo sie sündigten, wurde ihr Gewissen beschmutzt. Ihr Gefühl für Schuld hatte Schaden genommen und zerstörte ihre Beziehung zu Gott: Sie mussten sich vor ihm verstecken. Dieses Schuldgefühl zerstörte aber auch ihre Beziehung zueinander. Sie beschuldigten sich gegenseitig und zwischen ihnen herrschte kein Frieden mehr. Zum ersten Mal erkannten sie sich und schämten sich.

Im Alten Testament war das Gewissen ein ständiges Thema. Die Tieropfer an sich konnten das Gewissen nicht entlasten. »Dieses ist ein Gleichnis für die gegenwärtige Zeit, nach dem sowohl Gaben als auch Schlachtopfer dargebracht werden, die im Gewissen den nicht vollkommen machen können, der Gottesdienst übt. Es sind nur Speisen und Getränke und verschiedene Waschungen, Satzungen des Fleisches, die bis auf die Zeit einer rechten Ordnung auferlegt sind« (Hebräer 9,9-10). Als prophetischen Hinweis auf Christus hatte Gott das Opferblut der Tiere zur Reinigung des Fleisches als ausreichend angesehen. Das Gewissen war allerdings davon ausgenommen.

Kein Tierblut kann das Gewissen reinigen. Das wussten alle (Jesaja 53 und Psalm 51). Und wir wissen es auch. So kam ein neuer Hoherpriester – Jesus, der Sohn Gottes – mit einem besseren Opfer: sich selbst. »Wie viel mehr wird das Blut des Christus, der sich selbst durch den ewigen Geist als Opfer ohne Fehler Gott dargebracht hat, euer Gewissen reinigen von toten Werken, damit ihr dem lebendigen Gott dient« (Hebräer 9,14). Die Tieropfer wiesen prophetisch auf das letzte Opfer des Gottessohnes hin. Der Tod des Sohnes bedeckt sowohl alle Sünden der Menschen aus jener alten Zeit als auch die Sünden der Menschen der Gegenwart.

In unserem modernen Zeitalter – einem Zeitalter der Wissenschaft, des Internets, der Organverpflanzungen, der schnellen Nachrichtenübertragung, der Handys – haben wir, wie schon damals, die gleichen Probleme: Unser Gewissen verurteilt uns. Wir fühlen uns nicht gut genug, um vor Gott zu treten. Egal wie sehr unser Gewissen auch verdreht ist, eins ist klar: Wir sind nicht gut genug, um vor Gott zu bestehen.

Wir können uns geißeln oder unsere Kinder in einen heiligen Fluss werfen oder eine Million Euro für einen wohltätigen Zweck spenden oder Weihnachten in der Suppenküche der Heilsarmee arbeiten oder auf hunderterlei Weise Buße tun und uns selbst kasteien, aber das Ergebnis wäre immer das Gleiche: der Makel des schlechten Gewissens bleibt und der Tod jagt uns schreckliche Angst ein. Wir wissen, dass unser Gewissen beschmutzt ist – nicht durch äußerliche Dinge, wie durch das Berühren einer Leiche oder das Essen von Schweinefleisch. Jesus sagte, das, was aus einem Menschen herausgeht, ihn verunreinigt, und nicht was von außerhalb in ihn hineinkommt (Markus 7,15-23). Stolz, Selbstmitleid, Bitterkeit, Lust, Neid, Eifersucht, Begierde, Teilnahmslosigkeit und Angst beschmutzen uns, so wie die Werke, die daraus entstehen. Das alles sind »tote Werke«. Sie haben kein geistliches Leben in sich. Sie sind keine Früchte des neuen Lebens, sondern kommen vom Tod und führen in den Tod. Sie lassen ein Gefühl der Hoffnungslosigkeit zurück.

Die einzige Antwort in unserer modernen Zeit, so wie zu allen Zeiten, ist das Blut Christi. Wenn unser Gewissen schlägt und uns verdammt, wohin wenden wir uns? Wir gehen zu Christus. Wir wenden uns Christi Leiden und Sterben, dem Blute Christi, zu. Sein Blut ist die einzige reinigende Kraft im ganzen Universum, die im Leben dem Gewissen Erleichterung schafft und im Tod Frieden schenkt.

Um uns alles zu schenken, was gut für uns ist

Er, der doch seinen eigenen Sohn nicht verschont,
sondern ihn für uns alle hingegeben hat:
wie wird er uns mit ihm nicht auch alles schenken?

Römer 8,32

Ich mag die Logik dieses Verses. Nicht, weil ich Logik mag, sondern weil ich es gut finde, wenn meine echten Bedürfnisse erfüllt werden. Die zwei Sätze aus Römer 8,32 haben eine phantastische wichtige logische Verbindung. Vielleicht erkennen wir das nicht, da die zweite Hälfte eine Frage ist: »Wie wird er uns mit ihm nicht auch alles schenken?« Aber wenn wir die Aussage, die in dieser Frage steckt, anschauen, erkennen wir die Logik. »Er, der doch seinen eigenen Sohn nicht verschont, sondern ihn für uns alle hingegeben hat, *wird uns mit ihm auch* alles schenken.«

Mit anderen Worten: Die Verbindung zwischen den beiden Hälften bedeutet, dass der zweite Satz absolut sicher ist. Wenn Gott das Schwerste, was es auf Erden gibt, getan hat, nämlich, seinen Sohn dem Leiden und Sterben zu übergeben, dann ist es noch sicher, dass er auch etwas vergleichsweise Leichtes ausführt, nämlich, dass er uns mit ihm auch alles geben wird. Gottes ganzes Engagement, uns alles zu schenken, ist sogar sicherer als das Opfer seines Sohnes. Er gab seinen Sohn »für uns alle«. Hätte er sich dann noch gegen uns wenden können? Das wäre undenkbar.

Aber was heißt das, »uns alles geben«? Es bedeutet nicht, ein einfaches Leben im Luxus und auch nicht, die Sicherheit vor Feinden. Das sagt uns die Bibel vier Verse weiter: »Um deinetwillen werden wir getötet den ganzen Tag; wie Schlachtschafe sind wir gerechnet worden« (Römer 8,36). Viele Christen erleiden sogar heute noch diese Art der Verfolgung. Wenn die Bibel fragt: »Wird Drangsal oder Angst oder Verfolgung oder Hungersnot oder Blösse oder Gefahr oder Schwert« uns von der Liebe Christi scheiden? (Römer 8,35), dann ist die Antwort Nein. Nicht, weil Christen davon verschont bleiben, sondern weil »wir in diesem allen mehr als Überwinder sind, durch den, der uns geliebt hat« (Römer 8,37).

Was bedeutet es dann, dass Gott, weil Christus für uns gestorben ist, uns mit ihm auch »alles« geben wird? Es bedeutet, dass er uns alle Dinge schenkt, die gut für uns sind. Alle Dinge, die wir wirklich brauchen, um in das Ebenbild seines Sohnes verwandelt zu werden (Römer 8,29). Alle Dinge, die wir brauchen, um ewige Freude zu erlangen.

Es ist das Gleiche wie die andere biblische Verheißung: »Mein Gott aber wird *alles*, was ihr bedürft, erfüllen nach seinem Reichtum in Herrlichkeit in Christus Jesus« (Philipper 4,19). Dieses Versprechen wird durch vorausgehende Verse klar gemacht: »Sowohl erniedrigt zu sein, weiß ich, als Überfluss zu haben, weiß ich, in jedes und in alles bin ich eingeweiht, sowohl satt zu sein als zu *hungern*, sowohl Überfluss zu haben als *Mangel* zu leiden. *Alles* vermag ich in dem, der mich kräftigt« (Philipper 4,12-13).

Es heißt, dass wir durch Christus *alles* tun können. Aber passen Sie auf, »alles« schließt auch »Hunger« und »Mangel« ein. Gott wird sich um jede echte Not kümmern, aber auch im Leid Kraft schenken. Gott wird sich um jede echte Not kümmern, aber auch die Fähigkeit schenken, Hunger zu ertragen, wenn man keine Nahrung bekommt. Das Leiden und der Tod Christi garantieren, dass Gott uns alles geben wird, was wir brauchen, um seinen Willen zu erfüllen, ihm die Ehre zu geben und um zu ewiger Freude zu gelangen.

Um uns von moralischer und körperlicher Krankheit zu heilen

Er war durchbohrt um unserer Vergehen willen,
zerschlagen um unserer Sünden willen.
Die Strafe lag auf ihm zu unserm Frieden,
und durch seine Striemen ist uns Heilung geworden.

JESAJA 53,5

Und er trieb die Geister aus mit seinem Wort,
und er heilte alle Leidenden, damit erfüllt würde,
was durch den Propheten Jesaja geredet ist, der spricht:
»Er selbst nahm unsere Schwachheiten
und trug unsere Krankheiten.«

MATTHÄUS 8,16-17

Christus litt und starb, um Krankheiten eines Tages völlig zu zerstören. Krankheit und Tod waren ursprünglich nicht Teil von Gottes Plan mit der Welt. Beides kam mit der Sünde in die Welt, als Gericht Gottes über die Schöpfung. Die Bibel sagt: »Denn die Schöpfung ist der Nichtigkeit unterworfen worden – nicht freiwillig, sondern durch den, der sie unterworfen hat, auf Hoffnung hin« (Römer 8,20). Gott unterwarf die Welt der Knechtschaft körperlicher Schmerzen, um den Schrecken moralischer Bosheit deutlich zu machen.

Diese Knechtschaft der Vergänglichkeit schloss den Tod mit ein. »Darum, wie durch einen Menschen die Sünde in die Welt gekommen ist und durch die Sünde der Tod und so der Tod zu allen Menschen durchgedrungen ist, weil sie alle gesündigt haben« (Römer 5,12). Alles Stöhnen war da mit eingeschlossen. Und Christen sind davon nicht ausgeschlossen: »Nicht allein aber sie, sondern auch wir selbst, die wir die Erstlingsgabe des Geistes [das sind die, die Christus vertrauen] haben, auch wir selbst seufzen in uns selbst und erwarten die Sohnschaft: die Erlösung unseres Leibes« (Römer 8,23).

Aber das ganze Elend der Krankheit geht vorüber. Wir freuen uns auf eine Zeit, wenn es keine körperlichen Schmerzen mehr gibt. Die Unterwerfung der Schöpfung unter die Vergänglichkeit sollte nicht für immer sein. Vom ersten Tag des Gerichts an, sagt die Bibel, war Gottes Ziel die Hoffnung. Sein endgültiges Ziel war: »Dass auch selbst die Schöpfung von der Knechtschaft der Vergänglichkeit frei gemacht werden wird zur Freiheit der Herrlichkeit der Kinder Gottes« (Römer 8,21).

Als Christus in die Welt kam, hatte er den Auftrag, diese globale Erlösung auszuführen. Er zeigte seine Absichten, indem er viele Menschen während seines Lebens heilte. Manchmal waren große Menschenmengen versammelt und er »heilte alle Leidenden« (Matthäus 8,16; Lukas 6,19). Das war eine Vorschau auf das, was am Ende der Menschheitsgeschichte passieren wird, wenn »er jede Träne von ihren Augen abwischen wird, und der Tod wird nicht mehr sein, noch Trauer, noch Geschrei, noch Schmerz wird mehr sein: denn das Erste ist vergangen« (Offenbarung 21,4).

Christus hat Tod und Krankheit besiegt, indem er beides auf sich und mit ins Grab nahm. Gottes Urteil über die Sünde, die Leiden brachte, hat Jesus ertragen, als er litt und starb. Der Prophet Jesaja erklärte den Tod Christi mit diesen Worten: »Doch er war durchbohrt um unserer Vergehen willen, zerschlagen um unserer Sünden willen. Die Strafe lag auf ihm zu unserm Frieden, und *durch seine Striemen ist uns Heilung geworden*« (Jesaja 53,5). Die schrecklichen Schläge auf dem Rücken Jesu haben eine Welt erkauft, in der es Heilung gibt.

Eines Tages wird alles Leid von Gottes erlöster Schöpfung weggenommen sein. Es wird eine neue Erde geben. Wir werden einen neuen Körper haben. Der Tod wird vom ewigen Leben verschlungen werden (1. Korinther 15,54; 2. Korinther 5,4). »Wolf und Lamm werden zusammen weiden; und der Löwe wird Stroh fressen wie das Rind« (Jesaja 65,25). Und alle, die Christus lieben, werden ihm, der umgebracht wurde, um uns von der Sünde, dem Tod und von Leid zu befreien, Loblieder singen.

Um denen, die an ihn glauben, ewiges Leben zu geben

Denn so hat Gott die Welt geliebt,
dass er seinen eingeborenen Sohn gab,
damit jeder, der an ihn glaubt, nicht verloren geht,
sondern ewiges Leben hat.

Johannes 3,16

In den schönsten Zeiten unseres Lebens wollen wir nicht sterben. Den Wunsch zu sterben haben wir nur, wenn unser Leiden unerträglich zu sein scheint. Was wir in diesen Zeiten wirklich wollen, ist nicht der Tod, sondern Erleichterung. Wir würden gerne wieder gute Zeiten erleben. Wir wünschen uns, keine Schmerzen mehr zu haben. Wir wünschen uns, dass unsere verstorbenen Liebsten wieder lebendig wären. Wir wollen Leben und Glück.

Wir machen uns selbst etwas vor, wenn wir den Tod als den Höhepunkt eines gut gelebten Lebens romantisieren. Er ist unser Feind. Er trennt uns von allen wunderbaren Freuden dieser Welt. Wir geben dem Tod allerlei hübsche Namen, weil wir keine andere Wahl haben. Der Vollstrecker, der uns den Gnadenstoß gibt, ist nicht die Erfüllung unserer Sehnsucht, sondern das Ende der Hoffnung. Das Herz sehnt sich danach, zu leben und glücklich zu sein.

Gott hat uns so gemacht. »Er hat auch die Ewigkeit in ihr Herz gelegt« (Prediger 3,11). Wir sind nach dem Bilde Gottes geschaffen, und Gott liebt das Leben und er lebt ewig. Wir sind geschaffen worden, um ewig zu leben. Und das werden wir auch. Das Gegenteil vom ewigen Leben ist nicht Vernichtung. Es ist die Hölle. Mehr als jeder andere sprach Jesus von der Hölle.

Er sagte ganz klar, dass man, wenn man das ewige Leben, das er anbietet, ablehnt, nicht vernichtet wird, sondern in den Qualen des Zornes Gottes endet: »Wer an den Sohn glaubt, hat ewiges Leben, wer aber dem Sohn nicht gehorcht, wird das

Leben nicht sehen, sondern der Zorn Gottes bleibt auf ihm« (Johannes 3,36). Das sagt Johannes der Täufer.

Und dieser Zorn wird ewig dauern. Jesus sagte: »Und diese werden hingehen in die ewige Pein, die Gerechten aber in das ewige Leben« (Matthäus 25,46). Das ist die entsetzliche Wirklichkeit und zeigt, wie sehr Gott mit böser Gleichgültigkeit und Verachtung behandelt wird. Daher warnt uns Jesus: »Und wenn dein Auge dir Anlass zur Sünde gibt, so wirf es weg! Es ist besser für dich, einäugig in das Reich Gottes einzugehen, als mit zwei Augen in die Hölle des Feuers geworfen zu werden, ›wo ihr Wurm nicht stirbt und das Feuer nicht erlischt‹« (Markus 9,47-48).

Ewiges Leben ist nicht bloß die Verlängerung dieses Lebens mit seiner Mischung aus Leid und Vergnügen. So wie die Hölle das schlimmste Ende dieses Lebens sein kann, so ist »ewiges Leben« das beste Ende. Das ewige Leben, in dem es weder Sünden noch Traurigkeit gibt, ist das höchste und ewig währende Glück. Alles, was in dieser gefallenen Schöpfung böse und schädlich ist, wird weggenommen werden. Alles Gute – alles, was echtes und beständiges Glück bringt – wird bewahrt und gereinigt und verstärkt.

Wir werden verändert, so dass wir in der Lage sind, solche Ausmaße eines Glücks zu erleben, das in unserem Leben undenkbar wäre. »Was kein Auge gesehen und kein Ohr gehört hat und in keines Menschen Herz gekommen ist, hat Gott denen bereitet, die ihn lieben« (1. Korinther 2,9). Das gilt für jeden Moment unseres Lebens, jetzt und für immer: Für diejenigen, die Christus vertrauen, kommt das Beste noch. Wir werden die allumfassende selig machende Herrlichkeit Gottes sehen. »Dies aber ist das ewige Leben, dass sie dich, den allein wahren Gott, den du gesandt, Jesus Christus, erkennen« (Johannes 17,3). Dafür hat Christus gelitten und ist gestorben. Warum sollten wir ihn nicht als unser kostbares Gut freudig annehmen – und leben?

Um uns aus der bösen gegenwärtigen Welt herauszureissen

… der sich selbst für unsere Sünden hingegeben hat, damit er uns herausreiße aus der gegenwärtigen bösen Welt nach dem Willen unseres Gottes und Vaters.

Galater 1,4

Bis wir sterben oder bis Christus wiederkommt, um sein Reich aufzurichten, leben wir in dieser »gegenwärtigen bösen Welt«. Wenn daher die Bibel sagt, dass Christus sich selbst hingegeben hat, um uns aus »der gegenwärtigen bösen Welt herauszureißen«, dann heißt das nicht, dass er uns nicht von dieser Welt wegnehmen wird, sondern dass er uns vor der Macht des Bösen retten wird. Jesus betete für uns: »Ich bitte nicht, dass du sie aus der Welt wegnimmst, sondern dass du sie bewahrst vor dem Bösen« (Johannes 17,15).

Der Grund, warum Jesus um Bewahrung vom »Bösen« bittet, ist, dass »dieses gegenwärtige böse Zeitalter« das Zeitalter ist, in dem Satan die Freiheit gegeben wurde, zu betrügen und zu zerstören. Die Bibel sagt: »Wir wissen, dass wir aus Gott sind, und die ganze Welt liegt in dem Bösen« (1. Johannes 5,19). Diesen »Bösen« nennt man auch »Gott dieser Welt« und sein Hauptziel ist es, die Menschen für die Wahrheit blind zu machen. »Den Ungläubigen, bei denen der Gott dieser Welt den Sinn verblendet hat, damit sie den Lichtglanz des Evangeliums von der Herrlichkeit des Christus, der Gottes Bild ist, nicht sehen« (2. Korinther 4,4).

Solange wir nicht aus unserem verfinsterten geistlichen Zustand aufwachen, leben wir in Übereinstimmung mit dem »gegenwärtigen bösen Zeitalter« und seinem Herrscher. »Einst wandelten wir gemäß dem Zeitlauf dieser Welt, gemäß dem Fürsten der Macht der Luft, des Geistes, der jetzt in den Söhnen des Ungehorsams wirkt« (Epheser 2,2). Ohne zu wissen waren wir Lakaien des Teufels. Was wie Freiheit aussah, war in Wirklichkeit Gefangenschaft. Die Bibel hat zum Wahnsinn, den Vergnügungen und den Süchten des 21. Jahrhunderts deutliche Worte: »Sie versprechen ihnen Freiheit, während sie selbst Sklaven des Verderbens sind; denn von wem jemand überwältigt ist, dem ist er auch als Sklave unterworfen« (2. Petrus 2,19)

Der widerhallende Freiheitsruf in der Bibel ist: »Und seid nicht gleichförmig dieser Welt, sondern werdet verwandelt durch die Erneuerung des Sinnes« (Römer 12,2). Mit anderen Worten, seid frei! Lasst euch von den Gurus dieses Zeitalters nicht täuschen. Heute sind sie noch hier und morgen schon wieder gegangen. Eine versklavende fixe Idee folgt der nächsten. In dreißig Jahren werden Tätowierungen nicht mehr ein Zeichen der Freiheit sein, sondern unauslöschliche Andenken an soziale Anpassung.

Angesichts der Ewigkeit ist die Weisheit dieses Zeitalters Torheit. »Niemand betrüge sich selbst! Wenn jemand unter euch meint, weise zu sein in dieser Welt, so werde er töricht, damit er weise werde. Denn die Weisheit dieser Welt ist Torheit bei Gott« (1. Korinther 3,18-19). »Denn das Wort vom Kreuz ist denen, die verloren gehen, Torheit« (1. Korinther 1,18). Was ist denn dann in dieser Welt die Weisheit Gottes? Der erhabene, befreiende Tod Jesu Christi. Die ersten Jünger Jesu sagten: »Wir predigen Christus als gekreuzigt … Gottes Kraft und Gottes Weisheit« (1. Korinther 1,23-24).

Als Christus ans Kreuz ging, befreite er Millionen von Gefangenen. Er entlarvte die Lüge des Teufels und zerschlug seine Macht. Das meinte er, als er am Abend vor der Kreuzigung sagte: »Jetzt ist das Gericht dieser Welt; jetzt wird der Fürst dieser Welt hinausgeworfen werden« (Johannes 12,31). Folgen Sie nicht einem besiegten Feind. Folgen Sie Christus. Das hat einen hohen Preis. Sie werden in dieser Welt ein Verbannter sein – aber Sie werden frei sein.

Um uns mit Gott zu versöhnen

Denn wenn wir, als wir Feinde waren,
mit Gott versöhnt wurden durch den Tod seines Sohnes,
so werden wir viel mehr, da wir versöhnt sind,
durch sein Leben gerettet werden.

Römer 5,10

Die Versöhnung, die zwischen dem sündigen Menschen und Gott stattfinden muss, sollte von beiden Seiten ausgehen. Anstatt Gott zu missachten, sollten wir ihm vertrauen. Und Gottes Zorn muss in Gnade umgewandelt werden. Beide Wege unterscheiden sich voneinander. Ich brauche Gottes Hilfe, um mich zu ändern, Gott aber braucht meine nicht. Meine Veränderung wird von außen bewirkt, aber Gottes Veränderung kommt aus seiner eigenen Natur. Gott selbst hat geplant, nicht mehr gegen mich zu sein, sondern für mich.

Die wichtigsten Worte sind: »als wir Feinde waren«. Das war unser Zustand. Als »wir mit Gott versöhnt wurden durch den Tod seines Sohnes« (Römer 5,10) waren wir noch seine *Feinde*. Mit anderen Worten: Die erste »Veränderung« ging von Gott aus, nicht von uns. Wir waren immer noch Feinde. Es heißt nicht, dass wir uns bewusst auf dem Kriegspfad befanden. Die meisten Menschen sind sich keiner Feindseligkeit gegenüber Gott bewusst.

Die Feindseligkeit offenbart sich eher auf subtile Weise in Form von Auflehnung und Gleichgültigkeit. Die Bibel beschreibt es so: »Die Gesinnung des Fleisches ist Feindschaft gegen Gott, denn sie ist dem Gesetz Gottes nicht untertan, sie kann das auch nicht sein« (Römer 8,7).

Genau in diesem Zustand gab Gott Christus, der unsere Sünden, die Gottes Zorn anfachen, auf sich nahm. So konnte Gott uns gnädig sein. Als Erstes beseitigte Gott das Hindernis, das ihn unversöhnlich machte: die Gott entwürdigende Schuld unserer Sünde. »Gott war in Christus und hat die Welt mit sich selbst versöhnt und ihnen ihre Übertretungen nicht zugerechnet« (2. Korinther 5,19).

Als die Botschafter Christi diese Nachricht in die Welt trugen, sagten sie: »Wir bitten für Christus: Lasst euch versöhnen mit Gott« (2. Korinther 5,20). Meinten sie nur: Ändert eure Haltung Gott gegenüber? Nein, sie meinten auch: Nehmt die allererste Tat Gottes an, der sich selbst in Christus mit euch versöhnt hat.

Betrachten wir diese Analogie der Versöhnung unter Menschen näher. Jesus sagte: »Wenn du nun deine Gabe darbringst zu dem Altar und dich dort erinnerst, dass dein Bruder etwas gegen dich hat, so lass deine Gabe dort vor dem Altar und geh zuvor hin, versöhne dich mit deinem Bruder; und dann komm und bring deine Gabe dar« (Matthäus 5,23-24). Wenn er sagt, »Versöhne dich mit deinem Bruder«, muss man beachten, dass es der andere Bruder ist, der seine Verurteilung zurücknehmen muss. Der Bruder ist derjenige, der »etwas gegen dich hat«, genauso wie Gott etwas gegen uns hat. »Versöhne dich mit deinem Bruder« heißt, dass zu tun, was nötig ist, damit der Bruder sein Urteil zurücknehmen kann.

Wenn wir jedoch die gute Botschaft Christi hören, erkennen wir, dass Gott das schon längst getan hat: Er ergriff die Maßnahme, die wir nicht ergreifen konnten, um sein eigenes Urteil zurückzunehmen. Er sandte Christus, um an unserer Stelle zu leiden. Die entscheidende Versöhnung geschah, als »wir Feinde waren«. Versöhnung von unserer Seite aus ist, einfach das anzunehmen, was Gott schon längst getan hat. Dadurch haben wir ein unendlich wertvolles Geschenk erhalten.

22

Um uns zu Gott zu führen

Denn es hat auch Christus einmal für Sünden gelitten,
der Gerechte für die Ungerechten,
damit er uns zu Gott führe, zwar getötet nach dem Fleisch,
aber lebendig gemacht nach dem Geist.

1. Petrus 3,18

Jetzt aber, in Christus Jesus, seid ihr, die ihr einst fern wart,
durch das Blut des Christus nahe geworden.

Epheser 2,13

Letzten Endes ist Gott selbst das Evangelium. Evangelium bedeutet »gute Botschaft«. Christentum ist nicht in erster Linie Theologie, sondern Botschaft. Es ist wie bei Kriegsgefangenen, die heimlich im Radio hören, dass die Alliierten gelandet sind, und dass die Rettung nur eine Frage der Zeit ist. Die Wachen wundern sich, warum alle jubeln.

Was ist aber das Beste an der guten Botschaft? Sie führt uns letztendlich zu Gott selbst. Alle Worte des Evangeliums führen zu ihm; ansonsten ist es kein Evangelium. So ist zum Beispiel die Errettung keine gute Botschaft, wenn sie nur *vor* der Hölle rettet und nicht *für* Gott. Vergebung ist keine gute Botschaft, wenn sie nur die Schuld wegnimmt und nicht den Weg zu Gott bahnt. Rechtfertigung ist keine gute Nachricht, wenn sie uns einfach nur vor Gott rechtlich annehmbar macht, aber nicht in die Gemeinschaft mit ihm führt. Erlösung ist keine gute Botschaft, wenn sie uns nur von der Gebundenheit befreit, aber nicht zu Gott führt. Dass Gott uns als Söhne annimmt, ist keine gute Botschaft, wenn uns das nur in die Familie des Vaters hineinversetzt, aber nicht in seine Arme.

Das ist entscheidend. Viele Menschen scheinen die gute Botschaft anzunehmen, ohne Gott anzunehmen. Allein die Tatsache, dass wir der Hölle entkommen wollen, ist noch kein Beweis dafür, dass wir ein neues Herz haben. Das ist ein absolut natürlicher Wunsch, aber kein übernatürlicher. Man braucht kein neues Herz, um sich zu wünschen, eine psychologisch erleichternde Vergebung zu erfahren, dem Zorn Gottes zu entgehen oder von Gott die Welt zu erben. Um sich diese Dinge zu wünschen, muss man nicht wiedergeboren sein. Die Teufel wollen sie auch.

Diese Wünsche sind nicht falsch. Tatsächlich wäre es dumm, sich das nicht zu wünschen. Aber der Beweis, dass wir verändert worden sind, besteht darin, dass wir diese Dinge wünschen, weil sie uns zur Freude an Gott führen. Das ist das Größte, wofür Christus starb. »Denn es ist auch Christus einmal für Sünden gestorben, der Gerechte für die Ungerechten, *damit er uns zu Gott führe*« (1. Petrus 3,18).

Warum ist das der Kern der guten Botschaft? Weil wir dazu erschaffen worden sind, die Herrlichkeit Gottes zu sehen und zu genießen und dadurch das höchste Glück zu erfahren. Wenn unsere höchste Freude auf etwas Geringerem beruht, sind wir Götzendiener und entehren Gott. Er hat uns so geschaffen, dass seine Herrlichkeit durch unsere Freude daran zum Ausdruck kommt. Das Evangelium Christi ist die gute Nachricht, dass Gott auf Kosten des Lebens seines Sohnes alles Notwendige getan hat, damit wir von dem ergriffen sind, was uns für immer und ewig glücklich macht, und das ist er selbst.

Lange bevor Christus kam, hat Gott offenbart, dass er die Quelle völliger und ewiger Freude ist. »Du wirst mir kundtun den Weg des Lebens; Fülle von Freuden ist vor deinem Angesicht, Lieblichkeiten in deiner Rechten immerdar« (Psalm 16,11). Dann sandte er Christus, der für uns leiden sollte, damit »er uns zu Gott führe«. Das bedeutet, dass er Christus sandte, um uns die tiefste und größte Freude zu schenken, die ein Mensch haben kann. Höre auf die Einladung: Wendet euch ab vom »zeitlichen Genuss der Sünde« (Hebräer 11,25) und kommt zu den »Freuden und Lieblichkeiten immerdar«. Komm zu Christus.

Damit wir ihm gehören

So seid auch ihr, meine Brüder,
dem Gesetz getötet worden durch den Leib des Christus,
um eines anderen zu werden,
des aus den Toten Auferweckten,
damit wir Gott Frucht bringen.

Römer 7,4

Oder wisst ihr nicht … dass ihr nicht euch selbst gehört?
Denn ihr seid um einen Preis erkauft worden.

1. Korinther 6,19-20

Habt Acht auf euch selbst und … die Gemeinde Gottes …
die er sich erworben hat durch das Blut seines eigenen Sohnes!

Apostelgeschichte 20,28

Die grundlegende Frage, die wir uns stellen müssen, ist nicht, *wer* wir sind, sondern *wessen* wir sind. Natürlich meinen viele, sie seien niemandes Sklaven. Sie träumen von einer vollkommenen Unabhängigkeit. So wie eine Qualle sich frei fühlt, weil sie von der Strömung weggetragen wird und nicht wie Muscheln am Felsen haftet.

Aber Jesus hatte den Menschen, die so dachten, Folgendes zu sagen: »Und ihr werdet die Wahrheit erkennen, und die Wahrheit wird euch frei machen.« Sie aber antworteten ihm: »Wir sind nie jemandes Sklaven gewesen. Wie sagst du: ›Ihr sollt frei werden‹?« Jesus antwortete ihnen: »Wahrlich, wahrlich, ich sage euch: Jeder, der die Sünde tut, ist der Sünde Sklave« (Johannes 8,32-34).

Die Bibel sagt, dass die vermeintliche Selbstbestimmung der gefallenen Menschheit Einbildung ist. In dieser gefallenen Welt gibt es keine Autonomie. Entweder werden wir von der Sünde beherrscht oder von Gott. »Wisst ihr nicht, dass, wem ihr euch zur Verfügung stellt als Sklaven zum Gehorsam, ihr dessen Sklaven seid, dem ihr gehorcht? ... Denn als ihr Sklaven der Sünde wart, da wart ihr Freie gegenüber der Gerechtigkeit ... Jetzt aber, von der Sünde frei gemacht und Gottes Sklave geworden ...« (Römer 6,16.20.22).

Meistens können wir das tun, was wir wollen. Aber wir sind nicht frei, das zu wünschen, was wir uns wünschen sollten. Dafür brauchen wir eine neue Kraft, die auf göttlicher Erlösung basiert. Diese Kraft ist Gottes Kraft. Darum sagt die Bibel: »*Gott* aber sei Dank, dass ihr Sklaven der Sünde wart, aber von Herzen gehorsam geworden seid« (Römer 6,17). Gott ist derjenige, der Menschen »Buße gibt zur Erkenntnis der Wahrheit, [damit] sie wieder aus dem Fallstrick des Teufels heraus nüchtern werden, da sie von ihm für seinen Willen gefangen worden sind« (2. Timotheus 2,25-26).

Der Kaufpreis, der diese Kraft erwirbt, ist der Tod Christi. »Oder wisst ihr nicht, dass ihr nicht euch selbst gehört? Denn ihr seid um einen Preis erkauft worden, verherrlicht nun Gott mit eurem Leib« (1. Korinther 6,19-20). Und welchen Preis hat Christus für die, die ihm vertrauen, bezahlt? »Die hat er sich erworben durch sein eigenes Blut« (Apostelgeschichte 20,28, nach Luther).

Jetzt sind wir wirklich frei. Nicht, um autonom zu sein, sondern um das zu wollen, was gut ist. Wenn der Tod Christi zum Tod unseres alten Wesens wird, eröffnet sich uns ein ganz neuer Lebensweg. Eine Beziehung zum lebendigen Christus ersetzt Vorschriften. Und die Freiheit, Frucht zu bringen, ersetzt die Bindung an das Gesetz. »So seid auch ihr, meine Brüder, dem Gesetz getötet worden durch den Leib des Christus, um eines anderen zu werden, des aus den Toten Auferweckten, damit wir Gott Frucht brächten« (Römer 7,4).

Christus litt und starb, um uns vom Gesetz und von der Sünde frei zu machen und ihm zu gehören. Hier hört der Gehorsam auf, eine Bürde zu sein und wird zur fruchtbringenden Freiheit. Denken Sie daran: Sie gehören nicht sich selbst. Wem wollen Sie gehören? Wenn es Christus ist, dann kommen Sie und gehören Sie ihm.

Um uns freimütigen Eintritt in das Heiligtum zu geben

Durch das Blut Jesu haben wir nun Freimütigkeit zum Eintritt in das Heiligtum.

Hebräer 10,19

Eins der größten Geheimnisse des Alten Testaments war die Bedeutung des Zeltes, das man »Stiftshütte« nannte und in dem die Israeliten Gott anbeteten. Dieses Geheimnis wurde im Alten Testament nur andeutungsweise gelüftet. Als das Volk Israel aus Ägypten auszog und am Berg Sinai ankam, gab Gott Mose genaue Anweisungen, wie man dieses mobile Anbetungszelt samt Einzelteilen und Einrichtung bauen sollte. Das Geheimnisvolle daran war der Befehl: »Und sieh zu, dass du alles nach ihrem Urbild machst, das dir auf dem Berg gezeigt worden ist« (2. Mose 25,40).

Als Christus 1400 Jahre später auf diese Welt kam, wurde klarer, dass dieses »Urbild« der alten Stiftshütte ein »Abbild« oder »Schatten« der himmlischen Dinge war. Die Stiftshütte war eine irdische Darstellung himmlischer Wirklichkeit. So lesen wir im Neuen Testament: »[Die Priester dienten] dem Abbild und Schatten der himmlischen Dinge, wie Mose eine göttliche Weisung empfing, als er im Begriff war, das Zelt aufzurichten; denn ›siehe‹, spricht er, ›dass du alles nach dem Muster machst, das dir auf dem Berge gezeigt worden ist‹« (Hebräer 8,5).

Also weist im alttestamentlichen Gottesdienst Israels alles auf etwas Größeres hin. So wie es auch in der Stiftshütte ein »Allerheiligstes« gab, wohin die Priester wiederholt das Blut der Tieropfer brachten und Gott begegneten, so gibt es auch im Himmel ein »Allerheiligstes« der Gegenwart Gottes, wo Christus mit seinem eigenen Blut hineingegangen ist, und zwar nicht wiederholt, sondern ein für allemal.

Christus aber ist gekommen als Hoherpriester der zukünf-

tigen Güter und ist durch das größere und vollkommenere Zelt – das nicht mit Händen gemacht, das heißt nicht von dieser Schöpfung ist – und nicht mit Blut von Böcken und Kälbern, sondern mit seinem eigenen Blut ein für allemal in das Heiligtum hineingegangen und hat eine ewige Erlösung erfunden (Hebräer 9,11-12).

Das bedeutet, dass für uns der Weg geöffnet wurde, um mit Christus in die allerheiligste Gegenwart Gottes zu treten. Früher durften nur die jüdischen Priester in das »Abbild« und den »Schatten« dieser Plätze hineingehen. Nur der Hohepriester durfte einmal im Jahr ins Allerheiligste, wo ihm die Herrlichkeit Gottes erschien (Hebräer 9,7). Es gab einen trennenden Vorhang, der den Zutritt ins Allerheiligste verwehrte. Die Bibel berichtet, dass in dem Augenblick, als Christus am Kreuz seinen letzten Atemzug tat, »der Vorhang des Tempels in zwei Stücke zerriss, von oben bis unten; und die Erde erbebte, und die Felsen zerrissen und die Grüfte taten sich auf« (Matthäus 27,51).

Was bedeutete das? Die Bibel erklärt es uns: »Wir haben nun, Brüder, durch das Blut Jesu Freimütigkeit zum Eintritt in das Heiligtum, den er uns bereitet hat als einen neuen und lebendigen Weg durch den Vorhang – das ist sein Fleisch« (Hebräer 10,19-20). Ohne Christus hätte die Heiligkeit Gottes vor uns abgeschirmt werden müssen. Er wäre entehrt und wir wären wegen unserer Sünden vernichtet worden. Aber durch Christus dürfen wir uns ihm jetzt nähern und unsere Herzen können sich an der Fülle der strahlenden Herrlichkeit von Gottes Heiligkeit erfreuen. Er wird nicht entehrt. Wir werden nicht vernichtet. Weil Christus uns vollständig schützt, wird Gott geehrt und wir bleiben in Ehrfurcht davor stehen. Daher können Sie ohne Angst kommen. Aber kommen Sie mittels Christus.

Um für uns zu dem Ort zu werden, wo wir Gott begegnen können

Jesus antwortete und sprach zu ihnen:
Brecht diesen Tempel ab,
und in drei Tagen werde ich ihn aufrichten.
Da sprachen die Juden:
Sechsundvierzig Jahre ist an diesem Tempel gebaut worden,
und du willst ihn in drei Tagen aufrichten?
Er aber sprach von dem Tempel seines Leibes.

Johannes 2,19-21

Tötet mich und ich werde zu einem weltweiten Ort, wo man Gott begegnen kann. So würde ich Johannes 2,19-21 umschreiben. Sie dachten, Jesus meinte damit den Tempel in Jerusalem: »Brecht diesen Tempel ab, und in drei Tagen werde ich ihn aufrichten.« Aber er meinte seinen Leib.

Warum stellte Jesus eine Verbindung zwischen dem jüdischen Tempel und seinem Körper her? Weil er kam, um den Tempel zu ersetzen, in welchem man Gott begegnen konnte. Mit dem Kommen des Gottessohnes in menschlicher Gestalt sollten die Rituale und der Gottesdienst radikal verändert werden. Christus selber wurde zum wahren Passahlamm, zum wahren Priester und wahren Tempel. Alles das sollte vergehen, aber er sollte bestehen bleiben.

Was bestehen blieb, war unendlich besser. Jesus sprach von sich selbst, als er sagte: »Ich sage euch aber: Größeres als der Tempel ist hier« (Matthäus 12,6). Manchmal wurde der Tempel zur Wohnung Gottes, wenn die Herrlichkeit Gottes das Allerheiligste füllte. Aber die Bibel sagt von Christus: »In ihm wohnt die ganze Fülle der Gottheit leibhaftig« (Kolosser 2,9). Bei Jesus kommt die Gegenwart Gottes nicht und geht wieder. Er *ist* Gott. Wo wir ihm begegnen, begegnen wir auch Gott.

Im Tempel begegnete Gott dem Volk nur durch viele unvollkommene Mittler. Aber jetzt wird von Christus gesagt: »Einer ist Mittler zwischen Gott und Menschen, der Mensch Christus Jesus« (1. Timotheus 2,5). Wenn wir Gott anbetend begegnen wollen, dann gibt es nur einen Ort, wo das geschehen kann: in Jesus Christus. Das Christentum hat kein geografisches Zentrum wie der Islam oder das Judentum.

Als Jesus einmal einer Frau ihren Ehebruch vorhielt, wechselte sie das Thema und sagte: »Unsere Väter haben auf diesem Berg angebetet, und ihr sagt, dass in Jerusalem der Ort sei, wo man anbeten müsse.« Jesus ging auf diesen Umweg ein: »Frau … es kommt die Stunde, da ihr weder auf diesem Berg, noch in Jerusalem den Vater anbeten werdet.« Es geht hier nicht um Geografie. Um was denn? Jesus fuhr fort: »Es kommt die Stunde und ist jetzt, da die wahren Anbeter den Vater in Geist und Wahrheit anbeten werden« (Johannes 4,20-23).

Jesus ändert alles. Nicht auf diesem *Berg* oder in dieser *Stadt*, sondern im *Geist* und in der *Wahrheit*. Er kam in die Welt, um geografische Grenzen zu sprengen. Es gibt keinen Tempel mehr. Jerusalem ist nicht das Zentrum. Christus ist es. Wollen wir Gott sehen? Jesus sagt: »Wer mich gesehen hat, hat den Vater gesehen« (Johannes 14,9). Wollen wir Gott annehmen? Jesus sagt: »Wer mich aufnimmt, nimmt den auf, der mich gesandt hat« (Matthäus 10,40). Wollen wir in der Gegenwart Gottes anbeten? »Wer den Sohn bekennt, hat auch den Vater« (1. Johannes 2,23). Wollen wir den Vater ehren? Jesus sagte: »Wer den Sohn nicht ehrt, ehrt den Vater nicht, der ihn gesandt hat« (Johannes 5,23).

Als Christus starb und wieder auferstand, wurde der alte Tempel durch Christus ersetzt, zu dem jeder Mensch auf der Erde Zugang hat. Sie können zu ihm kommen, ohne einen Muskel zu bewegen. Er ist so nah wie der Glaube.

Um das alttestamentliche Priestertum zu beenden und selbst zum ewigen Hohenpriester zu werden

Und jene sind in größerer Anzahl Priester geworden, weil sie durch den Tod verhindert waren zu bleiben; dieser aber, weil er in Ewigkeit bleibt, hat ein unveränderliches Priestertum. Daher kann er die auch völlig erretten, die sich durch ihn Gott nahen, weil er immer lebt, um sich für sie zu verwenden. Denn ein solcher Hoherpriester geziemte sich auch für uns: heilig, sündlos, unbefleckt, abgesondert von den Sündern und höher als die Himmel geworden, der nicht Tag für Tag nötig hat, wie die Hohenpriester, zuerst für die eigenen Sünden Schlachtopfer darzubringen, dann für die des Volkes; denn dies hat er ein für allemal getan, als er sich selbst dargebracht hat.

Hebräer 7,23-27

Denn Christus ist hineingegangen … in den Himmel selbst, um jetzt vor dem Angesicht Gottes für uns zu erscheinen, auch nicht, um sich selbst oftmals zu opfern, wie der Hohepriester alljährlich mit fremdem Blut in das Heiligtum hineingeht – sonst hätte er oftmals leiden müssen von Grundlegung der Welt an –; jetzt aber ist er einmal *in der Vollendung der Zeitalter offenbar geworden, um durch sein Opfer die Sünde aufzuheben.*

Hebräer 9,24-26

Und jeder Priester steht täglich da, verrichtet den Dienst und bringt oft dieselben Schlachtopfer dar,
die niemals Sünden hinwegnehmen können.
Dieser aber hat ein *Schlachtopfer für Sünden dargebracht und sich für immer gesetzt zur Rechten Gottes.*

Hebräer 10,11-12

Eine der größten Begriffe des christlichen Glaubens ist »ein für allemal«. Dieser Ausdruck geht auf das griechische Wort *ephapax* zurück und bedeutet »einmal für alle Zeiten«. Es bedeutet, dass etwas Entscheidendes geschehen ist. Mit dieser Tat wurde so viel erreicht, dass sie nie wiederholt werden muss. Jede Bemühung sie zu wiederholen, würde den »ein für allemal« erzielten Erfolg in Frage stellen.

In Israel mussten die Priester alljährlich Tieropfer für die eigenen Sünden und denen des Volkes darbringen. Das war eine bedrückende Realität. Ich meine nicht, dass keine Vergebung stattfand. Gott hatte diese Opfer zur Entlastung seines Volkes eingesetzt. Sie sündigten und brauchten einen Stellvertreter, der an ihrer Stelle die Strafe auf sich nahm. Es war Gnade, dass Gott den Dienst sündiger Priester annahm und Tiere als Stellvertreter akzeptierte.

Aber das hatte auch eine Schattenseite. Die Opfer mussten immer wiederholt werden. Die Bibel sagt: »Doch in jenen Opfern ist alljährlich ein Erinnern an die Sünden« (Hebräer 10,3). Das Volk wusste: Wenn sie dem Stier ihre Hände auf den Kopf legten, um das Tier mit ihren Sünden zu identifizieren, musste später alles wiederholt werden. Kein Tier konnte ausreichend für Sünden leiden. Sündige Priester mussten für ihre eigenen Sünden opfern. Sterbliche Priester mussten ersetzt werden. Stiere und Böcke hatten keinen moralischen Wert und konnten die Schuld des Menschen nicht tragen. »Denn unmöglich kann Blut von Stieren und Böcken Sünden hinwegnehmen« (Hebräer 10,4).

Aber bei diesem trübsinnigen Priesterdienst gab es einen Silberstreif am Horizont. Wenn Gott diese Provisorien anerkannte, musste das bedeuten, dass er eines Tages jemanden senden würde, der das zu vollenden vermochte, was diese Priester nicht konnten: die Sünde ein für allemal wegzunehmen.

Dieser vollkommene Gesandte ist Jesus Christus. Er wurde zum letzten Priester und Opfer gemacht. Da er ohne Sünde war, musste er für sich selbst kein Opfer bringen. Da er unsterblich ist, muss er auch nicht ersetzt werden. Als Mensch konnte er die Sünde auf sich nehmen. Daher hat er nicht für sich geopfert, sondern er gab sich selbst als das endgültige Opfer hin. Nie mehr wird ein weiteres Opfer nötig sein. Es gibt nur einen Mittler zwischen Gott und uns. Nur einen Priester. Wir brauchen keinen anderen. O, wie glücklich sind doch jene, die sich allein durch Christus in Gottes Gegenwart bringen lassen!

Um ein mitfühlender und helfender Priester zu werden

Denn wir haben nicht einen Hohenpriester,
der nicht Mitleid haben könnte mit unseren Schwachheiten,
sondern der in allem in gleicher Weise
wie wir versucht worden ist, doch ohne Sünde.
Lasst uns nun mit Freimütigkeit hinzutreten
zum Thron der Gnade,
damit wir Barmherzigkeit empfangen und Gnade finden
zur rechtzeitigen Hilfe!

Hebräer 4,15-16

Christus wurde unser Priester, indem er sich am Kreuz für uns opferte (Hebräer 9,26). Er ist unsere Verbindung zu Gott. Sein Gehorsam und sein Leiden waren so vollkommen, dass Gott ihn nicht ablehnen wird. Daher wird uns Gott, wenn wir durch Christus zu ihm kommen, auch nicht ablehnen.

Aber es kommt noch besser. Auf dem dreißig Jahre langen Weg zum Kreuz wurde Christus versucht – genau wie jeder andere Mensch. Es stimmt, dass er nie sündigte. Aber weise Köpfe haben darauf erklärt, dies bedeute, dass seine Versuchungen nicht schwächer waren als unsere, sondern stärker. Wenn jemand einer Versuchung nachgibt, hat die Versuchung nie ihren Höhepunkt erreicht. Wir kapitulieren bereits, während der Druck noch zunimmt. Nicht so bei Jesus. Er hat den vollen Druck bis zum Ende ausgehalten und nie nachgegeben. Er weiß, was es heißt, mit voller Kraft versucht zu werden.

Durch sein Leben voller Versuchungen, das in krasser Misshandlung und Verwerfung gipfelte, erwarb Jesus seine einzigartige Fähigkeit, Mitleid mit denen zu haben, die versucht werden und leiden. Niemand hat jemals mehr gelitten. Niemand hat jemals so viel Folter ausgehalten. Und niemand hat es weniger verdient oder hatte ein größeres Recht zurückzuschlagen als er. Aber der Apostel Petrus sagte: »Der keine Sünde getan hat, noch ist Trug in seinem Mund gefunden worden, der, geschmäht, nicht wieder schmähte, leidend, nicht drohte, sondern sich dem übergab, der gerecht richtet« (1. Petrus 2,22-23).

Daher sagt die Bibel, dass »er Mitleid haben kann mit unseren Schwachheiten« (Hebräer 4,15). Das ist erstaunlich. Der auferstandene Sohn Gottes, der im Himmel zur Rechten Gottes sitzt und alle Macht über das Universum hat, fühlt, was wir fühlen, wenn wir mit unserem Leid oder Schmerz zu ihm kommen – oder wenn wir von den verlockenden Versprechungen sündiger Vergnügen bedrängt werden.

Und was bedeutet das praktisch? Die Bibel beantwortet das, indem sie Jesu Mitleid mit unserem Vertrauen in das Gebet verknüpft. Da er fähig ist »Mitleid mit unseren Schwachheiten« zu haben, sollen wir »mit Freimütigkeit hinzutreten zum Thron der Gnade, damit wir Barmherzigkeit empfangen und Gnade finden zur rechtzeitigen Hilfe« (Hebräer 4,15-16).

Offenbar bedeutet das: Wenn wir Gott mit Gewissenskämpfen nahen, fühlen wir uns in seiner Gegenwart wahrscheinlich nicht willkommen. Wir spüren so sehr Gottes Reinheit und Vollkommenheit, dass alles an uns in seiner Gegenwart unpasend erscheint. Aber dann erinnern wir uns, dass Jesus »Mitleid« hat. Er fühlt nicht *gegen* uns, sondern *mit* uns. Dieses Wissen um Christi Mitleid verleiht uns Freimütigkeit, zu ihm zu kommen. Er kennt unsere Klage. Er durchlitt unseren Kampf. Wenn wir ihn dringend brauchen, dürfen wir vertrauensvoll zu ihm kommen. Denken wir doch an das alte Lied:

Harre, meine Seele, harre des Herrn!
Alles ihm befehle, hilft er doch so gern.
Wenn alles bricht,
Gott verlässt uns nicht,
größer als der Helfer ist die Not ja nicht.
Ewige Treue! Retter in Not!
Unser Herz erfreue, Du treuer Gott!

Um uns vom eitlen Wandel unserer Vorfahren zu erlösen

Denn ihr wisst, dass ihr nicht mit vergänglichen Dingen,
mit Silber oder Gold, erlöst worden seid von eurem eitlen,
von den Vätern überlieferten Wandel,
sondern mit dem kostbaren Blut Christi
als eines Lammes ohne Fehler und ohne Flecken.

1. Petrus 1,18-19

Weltliche Menschen der westlichen Kultur und Menschen aus Eingeborenen-Volksstämmen, die an den Animismus glauben, haben eines gemeinsam: Sie glauben an die Macht der Bindung an ihre Vorfahren. Sie bezeichnen es unterschiedlich. Animisten sprechen von Ahnengeistern und der Vererbung von Flüchen. Weltliche Menschen sprechen von genetischen Einflüssen oder von Missbrauch, Codepedenz und emotionaler Distanz der Eltern. Beides ist in gewissem Sinne Fatalismus, der uns daran bindet, mit dem Fluch oder den Verletzungen unserer Vorfahren zu leben. Hoffnung und Glück scheint es nicht zu geben.

Wenn die Bibel sagt, dass »ihr von eurem eitlen von den Vätern überlieferten Wandel erlöst worden seid«, meint sie damit ein leeres, sinnloses, nutzloses Leben, das am Ende zerstört wird. Es heißt, dass dieser »eitle Wandel« auf unsere Vorfahren zurückzuführen ist. Die Bibel geht nicht näher darauf ein, warum das so ist. Das Entscheidende daran ist, dass wir erkennen sollen, wie wir von dieser Gebundenheit an die Sinnlosigkeit befreit werden können. Die Macht unseres Befreiers bestimmt das Ausmaß der Befreiung.

Die Befreiung aus dieser Gebundenheit an die Vorfahren geschieht nicht »mit vergänglichen Dingen wie Silber oder Gold«. Silber und Gold stellen die wertvollsten Dinge dar, die für unsere Befreiung bezahlt werden könnten. Aber wir alle wissen, dass sie nutzlos sind. Die reichsten Leute sind oft am meisten an Eitelkeiten versklavt. Ein reicher Stammeshäuptling wird vielleicht von der Angst vor einem Fluch seiner Vorfahren über sein Leben gequält. Ein weltlicher Chef einer erfolgreichen Firma wird womöglich unbewusst von Kräften aus seiner Vergangenheit gesteuert, die seine Ehe und Familie zerstören.

Silber und Gold können nicht helfen. Das Leiden und Sterben Jesu stellt das bereit, was man braucht: nicht Gold noch Silber, sondern das »kostbare Blut Christi als eines Lammes ohne Fehler und ohne Flecken«. Als Christus starb, hatte Gott auch das Verhältnis zwischen uns und unseren Vorfahren im Visier. Er wollte uns von den Eitelkeiten erlösen, die wir von ihnen geerbt hatten. Das ist einer der großartigen Gründe, warum Christus gestorben ist.

Kein Fluch kann gegen Sie bestehen, wenn alle Ihre Sünden vergeben sind, Sie mit der Gerechtigkeit Christi bekleidet sind und der Schöpfer dieses Universums Sie erlöst hat und liebt. Das Leiden und Sterben Jesu ist letztlich der Grund, warum die Bibel über Gottes Volk sagt: »Denn es gibt keine Zauberei gegen Jakob und keine Wahrsagerei gegen Israel« (4. Mose 23,23). Als Jesus starb, wurden alle Segnungen des Himmels für die erkauft, die ihm vertrauen. Und wenn Gott segnet, kann keiner verfluchen.

Es gibt auch keine Wunde, die von Eltern zugefügt wurde und die Jesus nicht heilen könnte. Das heilende Lösegeld wird als »kostbares Blut Christi« bezeichnet. Das Wort »kostbar« bedeutet »unendlich wertvoll«. Deshalb ist das Lösegeld auch unendlich befreiend. Keine Gebundenheit kann dagegen bestehen. Wenden wir uns also von Silber und Gold ab und nehmen das Geschenk Gottes an.

Um uns von der Sklaverei der Sünde zu befreien

Dem, der uns liebt und uns von unseren Sünden erlöst hat
durch sein Blut und uns gemacht hat zu einem Königtum,
zu Priestern seinem Gott und Vater:
Ihm sei die Herrlichkeit und die Macht
von Ewigkeit zu Ewigkeit! Amen.

Offenbarung 1,5-6

Darum hat auch Jesus,
um das Volk durch sein eigenes Blut zu heiligen,
außerhalb des Tores gelitten.

Hebräer 13,12

Unsere Sünde zerstört uns auf zweierlei Weise. Sie macht uns vor Gott schuldig, so dass wir unter seiner gerechten Verdammnis stehen, und sie macht uns in unserem Verhalten widerwärtig, so dass das Abbild Gottes, als das wir erschaffen wurden, entstellt wird. Sie verdammt uns als schuldig und versklavt uns unter die Lieblosigkeit.

Das Blut Jesu befreit uns von beiden Miseren. Es leistet Gottes Gerechtigkeit Genüge, so dass unsere Sünden rechtmäßig vergeben werden können. Und es besiegt die Macht der Sünde, die uns zu Sklaven der Lieblosigkeit macht. Wir haben gesehen, wie Christus den Zorn Gottes stellvertretend erlitten und unsere Schuld weggenommen hat. Aber wie befreit uns das Blut Christi von der Sklaverei der Sünde?

Die Antwort ist nicht, dass er ein beeindruckendes Vorbild für uns ist und uns so motiviert, uns von unserer Selbstsucht zu trennen. Natürlich ist Jesus für uns ein Vorbild. Ein sehr beeindruckendes Vorbild sogar. Eindeutig wollte er, dass wir ihm nacheifern. »Ein neues Gebot gebe ich euch, dass ihr einander liebt, damit, wie ich euch geliebt habe, auch ihr einander liebt« (Johannes 13,34).

Aber der Ruf zum Nacheifern ist nicht die befreiende Kraft. Es gibt etwas Tieferes. Sünde hat so einen mächtigen Einfluss auf unser Leben, dass wir durch Gottes Kraft befreit werden müssen. Mit unserer Willenskraft geht das nicht. Weil wir aber Sünder sind, müssen wir uns fragen: Wird die Kraft Gottes uns befreien oder verdammen? An dieser Stelle setzt das Leiden Christi an. Als Christus starb, um unsere Verdammnis wegzunehmen, öffnete er sozusagen die himmlischen Schleusen der wirksamen Gnade, damit sie uns von der Macht der Sünde befreit.

Mit anderen Worten: Bevor wir durch Gottes Gnade von der *Macht* der Sünde befreit werden konnten, mussten wir erst von der *Schuld* der Sünde und dem Zorn Gottes erlöst werden. Mit den entscheidenden biblischen Worten gesagt: *Rechtfertigung* geht der *Heiligung* voraus und stellt sie sicher. Es sind zwei verschiedene Dinge. Rechtfertigung ist eine augenblickliche Erklärung (nicht schuldig!), Heiligung eine fortdauernde Verwandlung.

Für diejenigen, die Christus vertrauen, dient die Kraft Gottes nicht seinem verdammenden Zorn, sondern seiner befreienden Gnade. Gott gibt uns diese Kraft zur Veränderung durch die Person des Heiligen Geistes. Darum werden die Begriffe »Liebe, Freude, Friede, Langmut, Freundlichkeit, Güte, Treue, Sanftmut, Enthaltsamkeit« als »Frucht des Geistes« bezeichnet (Galater 5,22-23). Deshalb kann die Bibel die erstaunliche Verheißung geben: »Denn die Sünde wird nicht über euch herrschen, denn ihr seid nicht unter Gesetz, sondern unter Gnade« (Römer 6,14). »Unter der Gnade« zu sein, stellt sicher, dass die allmächtige Kraft Gottes unsere Lieblosigkeit vernichtet (nicht auf einmal, aber nach und nach). Bei dieser Niederschlagung unserer Selbstsucht sind wir weder passiv, noch bieten wir selbst die entscheidende Kraft auf. Es ist allein Gottes Gnade. Daher kann der Apostel Paulus sagen: »Aber durch Gottes Gnade bin ich, was ich bin; und seine Gnade mir gegenüber ist nicht vergeblich gewesen, sondern ich habe viel mehr gearbeitet als sie alle, nicht aber ich, sondern die Gnade Gottes, die mit mir war« (1. Korinther 15,10). Möge der Gott der Gnade uns durch den Glauben an Christus von der Schuld und der Sklaverei der Sünde erlösen.

Damit wir, den Sünden abgestorben, der Gerechtigkeit leben

… der unsere Sünden an seinem Leib selbst
auf dem Holz getragen hat,
damit wir, den Sünden abgestorben,
der Gerechtigkeit leben.

1. Petrus 2,24

Es hört sich vielleicht seltsam an, aber Jesu Sterben an unserer Statt und für unsere Sünden bedeutet, dass *wir* gestorben sind. Man könnte denken, wenn jemand für uns gestorben ist, dann ist man dem Tod entkommen. Und natürlich sind wir dem Tod entkommen – dem *ewigen* Tod, der endlose Qualen und Trennung von Gott bedeutet. Jesus sagte: »Und ich gebe ihnen ewiges Leben, und sie gehen *nicht verloren in Ewigkeit*« (Johannes 10,28). »Jeder, der da lebt und an mich glaubt, wird *nicht sterben in Ewigkeit*« (Johannes 11,26). Der Tod Jesu bedeutet *tatsächlich*, dass »jeder, der an ihn glaubt, *nicht verloren geht*, sondern ewiges Leben hat« (Johannes 3,16).

Aber es gibt noch einen weiteren Aspekt, und der bedeutet, dass wir selbst sterben, genau wie Christus an unserer Stelle und für unsere Sünden gestorben ist. »Der unsere Sünden an seinem Leib selbst an das Holz hinaufgetragen hat, damit wir den Sünden abgestorben …« (1. Petrus 2,24). Er starb, damit wir leben, und er starb, damit wir sterben. Als Christus starb, starb ich, der an Christus glaubt, mit ihm. Die Bibel sagt klar: »Wir sind verwachsen mit der Gleichheit seines Todes« (Römer 6,5). »Einer ist für alle gestorben, somit sind alle gestorben« (2. Korinther 5,14).

Glaube ist der Beweis, dass wir mit Christus tief vereint sind. Gläubige »sind mit Christus gekreuzigt« (Galater 2,20). Wir schauen auf seinen Tod zurück und wissen, dass auch wir, aus der Sicht Gottes, diesen Tod gestorben sind. Unsere Sünden lagen auf ihm, und der Tod, den wir verdient hatten, widerfuhr in ihm auch uns. Die Taufe drückt dieses Gestorbensein mit Christus aus. »So sind wir nun mit ihm begraben worden *durch die Taufe* in den Tod« (Römer 6,4). Das Wasser ist wie ein Grab. Das Untertauchen ist ein Bild für den Tod. Wiederauftauchen symbolisiert das neue Leben. Und alles ist ein Bild für das, was Gott »durch den Glauben« tut. Wir sind »mit ihm begraben in der Taufe, in ihm auch mit auferweckt *durch den Glauben* an die wirksame Kraft Gottes, der ihn aus den Toten auferweckt hat« (Kolosser 2,12).

Die Tatsache, dass ich mit Christus gestorben bin, steht in direkter Verbindung mit seinem Tod für meine Sünden. »Der *unsere Sünden ... getragen* hat, *damit wir, den Sünden abgestorben* ...« Das heißt: Wenn ich Jesus als meinen Erlöser annehme, dann nehme ich auch meinen eigenen Tod als Sünder an. Meine Sünde brachte Jesus und mit ihm zusammen auch mich ins Grab. Der Glaube sieht Sünde als mörderisch an. Sie tötete Jesus und sie tötete mich.

Christ zu werden bedeutet daher, als Sünder gestorben zu sein. Das alte Selbst, das die Sünde liebte, starb mit Jesus. Sünde ist wie eine Prostituierte, die ihre Schönheit verloren hat. Die Sünde hat meinen König und mich ermordet. Darum ist der Gläubige der Sünde gestorben und wird nicht mehr länger von ihrer Anziehungskraft beherrscht. Die Sünde – die Prostituierte, die meinen Freund getötet hat –, hat ihren Reiz verloren. Sie ist mein Feind geworden.

Mein neues Leben ist jetzt gerechtfertigt. »Der unsere Sünden an seinem Leib selbst am Holz getragen hat, damit wir ... *der Gerechtigkeit leben*« (1. Petrus 2,24). Meine Seele sehnt sich jetzt nach der Schönheit Christi, der mich geliebt und sich für mich aufgeopfert hat. Und seine Schönheit, seiner Zierde, ist seine vollkommene Gerechtigkeit. Jetzt folge ich gern dem Gebot (und lade auch Sie dazu ein): »Stellt nicht eure Glieder der Sünde zur Verfügung als Werkzeuge der Ungerechtigkeit, sondern stellt euch selbst Gott zur Verfügung als Lebende aus den Toten und eure Glieder Gott zu Werkzeugen der Gerechtigkeit« (Römer 6,13).

31

Damit wir dem Gesetz sterben und Gott Frucht bringen

So seid auch ihr, meine Brüder, dem Gesetz getötet worden
durch den Leib des Christus,
um eines anderen zu werden, des aus den Toten Auferweckten,
damit wir Gott Frucht bringen.

Römer 7,4

Als Christus für uns starb, starben wir mit ihm. Gott sah uns als mit Christus vereint an. Sein Tod für unsere Sünden war unser Tod in ihm (siehe vorheriges Kapitel). Aber die Sünde war nicht die einzige Ursache, die Jesus und uns tötete. Auch das Gesetz tötete uns. Wenn wir das Gesetz brechen, indem wir sündigen, dann verurteilt uns das Gesetz zum Tod. Wenn es kein Gesetz gäbe, gäbe es auch keine Bestrafung. »Denn … wo kein Gesetz ist, da ist auch keine Übertretung« (Römer 4,15). »Wir wissen aber, dass alles, was das Gesetz sagt, es denen sagt, die unter dem Gesetz sind, damit … die ganze Welt dem Gericht Gottes verfallen sei« (Römer 3,19).

Von dem Fluch des Gesetzes gab es kein Entrinnen. Es war gerecht; wir waren schuldig. Es gab nur einen Weg zu Befreiung: Jemand musste die Strafe bezahlen. Darum kam Jesus. »Christus hat uns losgekauft von dem Fluch des Gesetzes, indem er ein Fluch für uns geworden ist« (Galater 3,13).

Wenn wir in Christus sind, kann uns Gottes Gesetz nicht verurteilen. Die uns beherrschende Macht des Gesetzes ist zweifach gebrochen. Einerseits hat Christus die Forderungen des Gesetzes zu unseren Gunsten erfüllt. Da er das Gesetz vollkommen erfüllt hat, wird es uns zugerechnet (siehe Kapitel 11). Andererseits hat Christus mit seinem Blut die Strafe bezahlt, die das Gesetz forderte.

Darum lehrt die Bibel so deutlich, dass Gerechtigkeit vor Gott nicht auf dem Halten des Gesetzes basiert. »Aus Gesetzeswerken wird kein Fleisch vor ihm gerechtfertigt werden, denn durch

Gesetz kommt Erkenntnis der Sünde« (Römer 3,20). »Wir wissen, dass der Mensch nicht aus Gesetzeswerken gerechtfertigt wird, sondern nur durch den Glauben an Christus Jesus« (Galater 2,16). Es gibt keine Hoffnung, durch das Halten des Gesetzes vor Gott gerecht zu werden. Die einzige Hoffnung ist das Blut und die Gerechtigkeit Christi, die wir uns allein durch Glauben aneignen. »Denn wir urteilen, dass ein Mensch durch Glauben gerechtfertigt wird, ohne Gesetzeswerke« (Römer 3,28).

Da wir seinem Gesetz gestorben sind und nicht mehr davon beherrscht werden, wie können wir dann Gott überhaupt gefallen? Ist das Gesetz nicht der Ausdruck von Gottes gutem und heiligem Willen (Römer 7,12)? Die biblische Antwort ist, dass wir jetzt nicht mehr dem Gesetz gehören, das fordert und verdammt, sondern wir gehören Christus, der fordert und gibt. Früher wurde die Gerechtigkeit von außen eingefordert, durch Buchstaben, die in Stein geschrieben waren. Aber jetzt entspringt diese Gerechtigkeit als eine Sehnsucht durch unsere Gemeinschaft mit Christus. Er ist gegenwärtig und real. Sein Geist hilft uns in unserer Schwachheit. Die tötende Gesetzestafel wurde durch einen lebendigen Menschen ersetzt. »Der Buchstabe tötet, der Geist aber macht lebendig« (2. Korinther 3,6; vgl. Kapitel 14).

Darum sagt die Bibel, dass dieser neue Gehorsam nicht *Gesetzestreue* ist, sondern *Fruchtbringen*. »So seid auch ihr … dem Gesetz getötet worden durch den Leib des Christus, um eines anderen zu werden, des aus den Toten Auferweckten, *damit wir Gott Frucht brächten*« (Römer 7,4). Wir sind dem Gesetzhalten gestorben, um für das Fruchtbringen zu leben. Frucht wächst normalerweise an einem Baum. Wenn der Baum gut ist, wird auch die Frucht gut sein. In diesem Bild gesprochen, ist der Baum die liebevolle Beziehung zu Jesus Christus. Dafür ist er gestorben. Jetzt lädt er uns ein: »Vertraue mir«. Sterben Sie dem Gesetz, damit Sie die Frucht der Liebe tragen.

32

Damit wir für Christus leben können und nicht für uns

Und für alle ist er gestorben, damit die, welche leben, nicht mehr sich selbst leben, sondern dem, der für sie gestorben und auferweckt worden ist.

2. Korinther 5,15

Viele Menschen können nicht verstehen, dass Christus starb, um sich zu verherrlichen. Christus starb für uns, damit wir für ihn leben. Das ist die Kernaussage von 2. Korinther 5,15. Mit anderen Worten: Er starb für uns, damit wir ihn verherrlichen. Oder freier gesagt, Christus starb für Christus.

Das ist kein Wortspiel, sondern die Wahrheit. Sünde bedeutet, dass wir versagt haben, Gott zu verherrlichen – und damit auch seinen Sohn nicht verherrlicht haben (Römer 3,23). Aber Christus starb, um diese Sünde zu tragen und uns von ihr zu befreien. Also starb er, um die Schande zu tragen, die wir durch unsere Sünde auf ihn gebracht haben. Er starb, um diese Tatsache umzukehren. Christus starb für die Herrlichkeit Christi.

Damit haben manche Probleme, weil es sich eitel anhört. Es scheint keine Tat der Liebe zu sein. Anscheinend wird das Leiden Jesu dadurch ins Gegenteil dessen verkehrt, als was die Bibel es hinstellt: als die höchste Tat der Liebe. Doch tatsächlich ist beides wahr. Dass Christus für seine eigene Herrlichkeit starb und dass er starb, um Liebe zu erweisen, ist nicht nur beides *wahr*, sondern beides ist *ein und dasselbe.*

Christus ist einzigartig. Kein anderer kann so handeln und es Liebe nennen. Christus ist die einzige Person im ganzen Universum, die Mensch und zugleich Gott und daher unendlich wertvoll ist. Seine moralische Vollkommenheit ist unendlich schön. Er ist unendlich weise und gerecht und gut und stark. »Er ist die Ausstrahlung [von Gottes] Herrlichkeit und Abdruck seines Wesens« (Hebräer 1,3). Ihn zu sehen und zu kennen ist erfüllender als alles, was die Welt zu bieten hat.

Diejenigen, die ihn sehr persönlich kannten, konnten sagen:

Aber was auch immer mir Gewinn war, das habe ich um Christi Willen für Verlust geachtet; ja wirklich, ich achte auch alles für Verlust um der unübertrefflichen Größe der Erkenntnis Christi Jesu, meines Herrn, willen, um dessentwillen ich alles eingebüßt habe und es für Dreck achte, damit ich Christus gewinne (Philipper 3,7-8).

»Christus starb, dass wir für ihn leben« bedeutet nicht, »damit wir ihm *helfen*«. Gott wird nicht »von Menschenhänden bedient, als wenn er noch etwas nötig hätte« (Apostelgeschichte 17,25). Auch Christus hat es nicht nötig: »Denn der Sohn des Menschen ist nicht gekommen, um bedient zu werden, sondern um zu dienen und sein Leben zu geben als Lösegeld« (Markus 10,45). Christus starb nicht, damit wir ihm helfen, sondern damit wir erkennen und genießen, wie unendlich wertvoll er ist. Er starb, um uns vor den verderblichen Vergnügungen zu retten und uns von der Freude an seiner Schönheit zu begeistern. Dadurch werden wir geliebt und er geehrt. Das widerspricht sich nicht.

Jesus sagte zu seinen Jüngern, dass er weggehen müsse, so dass er den Heiligen Geist als Helfer senden könne (Johannes 16,7). Dann sagte er ihnen, was der Helfer tun würde: »Er wird mich verherrlichen« (Johannes 16,14). Christus starb und wurde auferweckt, damit wir ihn sehen und verherrlichen können. Das ist die größte Hilfe der Welt. Das ist Liebe. Das liebevollste Gebet, dass Jesus gebetet hat, war: »Vater, ich will, dass die, welche du mir gegeben hast, auch bei mir seien, wo ich bin, damit sie meine Herrlichkeit schauen« (Johannes 17,24). Dafür ist Christus gestorben. Das ist Liebe – zu leiden, um uns eine ewige Freude zu schenken. Das Geschenk ist er selbst.

33

Um das Kreuz zum Grund all unseres Rühmens zu machen

Mir aber sei es fern, mich zu rühmen
als nur des Kreuzes unseres Herrn Jesus Christus,
durch das mir die Welt gekreuzigt ist und ich der Welt.

Galater 6,14

Das scheint nun wirklich übertrieben. Sollen wir uns wirklich nur des Kreuzes rühmen? Ganz wörtlich, *nur* des Kreuzes? Sogar die Bibel spricht über andere Dinge, in denen man sich rühmt: Sich aufgrund der Herrlichkeit Gottes rühmen (Römer 5,2). Sich in den Bedrängnissen rühmen (Römer 5,3). Sich der Schwachheit rühmen (2. Korinther 12,9). Sich des Volkes Christi rühmen (1. Thessalonicher 2,19). Was bedeutet hier »nur«?

Es bedeutet, dass auch alles andere Rühmen stets ein Rühmen des Kreuzes sein soll. Wenn wir uns der Hoffnung der Herrlichkeit Gottes rühmen, dann sollte dieses Rühmen ein Rühmen im Kreuz sein. Wenn wir uns des Volkes Christi rühmen, dann sollte dieses Rühmen ein Rühmen im Kreuz sein. Sich nur des Kreuzes rühmen bedeutet, dass nur das Kreuz alles andere Rühmen ermöglicht und daher jegliches rechtmäßige Rühmen das Kreuz ehren sollte.

Warum? Weil alle guten Dinge – und sogar die schlechten, die Gott zum Guten wendet – durch das Kreuz Christi für uns erworben wurden. Ohne den Glauben an Christus bleibt dem Sünder nur die Verurteilung. Ja, auch Ungläubige erleben viele schöne Dinge. Aber die Bibel lehrt, dass auch diese natürlichen Segnungen letztlich nur das Gericht Gottes verschärfen, wenn sie nicht mit Dank auf Grundlage des Leidens Christi angenommen werden (Römer 2,4-5).

Daher ist alles, was wir als an Christus Gläubige genießen, seinem Tod zu verdanken. Sein Leiden verschlang das ganze Gericht, das jeder Sünder verdient hat, und es erwarb all das Gute, dass begnadigte Sünder genießen. Darum sollte all unser

Rühmen dieser Dinge ein Rühmen des Kreuzes Christi sein. Wir sind nicht so christuszentriert, wie wir sein sollten und verehren das Kreuz nicht so, wie wir es tun sollten, weil wir nicht darüber nachdenken, dass alle guten Dinge und alles Schlechte, das Gott zum Guten wendet, durch Christi Leiden erworben wurden.

Und wie werden wir so radikal aufs Kreuz fokussiert? Wir müssen die Wahrheit erkennen, dass wir mit Christus am Kreuz gestorben sind (siehe Kapitel 31). Als der Apostel Paulus das erkannte, sagte er: »Mir ist die Welt gekreuzigt und ich der Welt« (Galater 6,14). Das ist der Schlüssel zu einem christuszentrierten Rühmen im Kreuz.

Wenn Sie Christus vertrauen, wird die mächtige Anziehungskraft dieser Welt gebrochen. Für die Welt sind Sie tot und die Welt ist tot für Sie. Um es positiv auszudrücken: Sie sind eine »neue Schöpfung« (Galater 6,15). Das alte Selbst ist tot. Ein neuer Mensch ist geboren – ein Mensch, der an Christus glaubt. Dieser Glauben zeichnet sich dadurch aus, dass Christus dem Glaubenden mehr bedeutet als alles andere in der Welt. Die Macht der Welt, unsere Liebe zu gewinnen, ist tot.

Der Welt gestorben zu sein bedeutet, dass alle legitimen Freuden der Welt zu einem bluterkauften Erweis der Liebe Christi werden – und zu einem Anlass, sich des Kreuzes zu rühmen. Wenn unser Herz den Segensstrahl zurückverfolgt und erkennt, dass er im Kreuz entspringt, dann sind alle weltlichen Aspekte dieser Segnung für uns gestorben – und der gekreuzigte Christus ist alles für uns.

Damit wir im Glauben an ihn leben können

Ich bin mit Christus gekreuzigt, und nicht mehr lebe ich,
sondern Christus lebt in mir;
was ich aber jetzt im Fleisch lebe, lebe ich im Glauben,
und zwar im Glauben an den Sohn Gottes,
der mich geliebt und sich selbst für mich hingegeben hat.

Galater 2,20

Dieser Vers ist ausgesprochen paradox. »Ich lebe nicht mehr«, und zugleich »jetzt lebe ich«. Vielleicht sagen Sie: »Das ist nicht paradox, sondern eine Reihenfolge. Zuerst starb ich mit Christus, dann wurde ich mit ihm auferweckt und nun lebe ich.« Das ist wahr. Aber was bedeuten diese gegensätzlichen Aussagen: »Nicht mehr lebe ich«, aber »jetzt lebe ich«? Lebe ich jetzt oder nicht?

Paradoxa sind keine Widersprüche. Sie hören sich nur so an. Paulus meinte, dass es ein »Ich« gab, das starb und dass es ein anderes »Ich« gibt, das lebt. Genau das geschieht, wenn man Christ wird. Das alte Ich starb. Ein neues Ich wurde »geschaffen« bzw. »auferweckt«. »Wenn jemand in Christus ist, so ist er eine neue *Schöpfung*« (2. Korinther 5,17). »Auch uns, die wir in den Vergehungen tot waren, hat er mit dem Christus lebendig gemacht … er hat uns mit *auferweckt*« (Epheser 2,5-6).

Christus starb, um bei seinem Tod unser »altes Ich« mit ins Grab zu nehmen und ihm den Garaus zu machen. »Wir erkennen, dass unser *alter Mensch* mitgekreuzigt worden ist, damit der Leib der Sünde abgetan sei, dass wir der Sünde nicht mehr dienen« (Römer 6,6). Wenn wir Christus vertrauen, sind wir mit ihm vereint und Gott sieht unser altes Ich als mit Christus gestorben an. Der Zweck des Todes Christi war die Auferstehung eines neuen Menschen.

Wer ist also das neue Ich? Worin unterscheiden sich diese zwei Ichs? Bin ich immer noch ich selbst? Der Vers am Anfang dieses Kapitels beschreibt diesen neuen Menschen auf zweierlei Weise: Die eine Beschreibung ist schier unvorstellbar, die andere ganz einfach. Zuerst heißt es, dass das neue Ich Christus ist, der in mir lebt: »Nicht mehr lebe ich, sondern Christus lebt in mir.« Ich verstehe das so, dass das neue Ich durch die ständige Gegenwart und Hilfe Christi definiert wird. Er gibt mir ständig Leben. Er gibt mir immer die nötige Kraft, um das zu tun, wozu er mich beruft. Darum sagt die Bibel: »Alles vermag ich in dem, der mich kräftigt« (Philipper 4,13). »Wozu ich mich auch bemühe und kämpfend ringe gemäß seiner Wirksamkeit, die in mir wirkt in Kraft« (Kolosser 1,29). Letzten Endes sagt das neue Ich: »Ich werde nicht wagen, etwas von dem zu reden, was Christus nicht durch mich gewirkt hat« (Römer 15,18).

Das ist ist die erste Beschreibung des neuen Menschen in Galater 2,20: ein von Christus bewohnter, von Christus getragener und von Christus gestärkter neuer Mensch. Um das zu erlangen, ist Christus gestorben und das macht einen Christen aus. Die zweite Beschreibung des neuen Menschen ist: Er lebt dadurch, das er in jedem einzelnen Augenblick Christus vertraut. »Was ich aber jetzt im Fleisch lebe, lebe ich im Glauben an den Sohn Gottes, der mich geliebt und sich selbst für mich hingegeben hat.«

Ohne diese zweite Beschreibung des neuen Menschen würden wir uns fragen, welchen Anteil wir dazu beitragen, um tagtäglich Christi Hilfe zu erfahren. Jetzt kennen wir die Antwort: Es ist der Glaube. Was Gottes Seite betrifft, lebt Christus in uns und befähigt uns, so zu leben, wie er es uns lehrt. Das ist sein Werk. Doch unser Anteil ist es, darauf zu vertrauen, dass er jeden Moment bei uns ist und uns hilft. Sein Leiden und sein Tod ermöglichen das. Diese Tatsache ist der Beweis, dass er immer bei uns ist und uns helfen wird.

35

Um der Ehe ihren tiefsten Sinn zu geben

Ihr Männer, liebt eure Frauen,
wie auch der Christus die Gemeinde geliebt
und sich selbst für sie hingegeben hat!

Epheser 5,25

Gottes biblischer Plan für die Ehe beschreibt den Ehemann als jemanden, der seine Frau so liebt, wie Christus seine Gemeinde geliebt hat, und die Frau als jemanden, die sich auf ihren Mann so einstellt, wie die Gläubigen sich auf Christus einstellen sollen. Dieses Bild hatte Gott im Sinn, als er Christus in diese Welt sandte. Christus kam für seine Braut und starb für sie, um zu zeigen, wie Gott sich die Ehe gedacht hat.

Diese Analogie besagt nicht, dass Ehemänner unter ihren Frauen leiden sollten. Es stimmt zwar, dass dies in gewisser Weise mit Jesus geschah. Er litt, um seine Gemeinde – seine Braut – ins Dasein zu rufen. Und die Menschen dieser Gemeinde gehörten zu jenen, die ihm seine Leiden zufügten. Und ein erheblicher Teil seiner Leiden wurde dadurch verursacht, dass seine Jünger ihn verließen (Matthäus 26,56). Die Kernaussage dieser Analogie ist, dass Jesus seine Jünger geliebt hat – und zwar bis in den Tod – und sie nicht verlassen hat.

Gottes Plan für die Ehe gab es schon vor Adam und Eva und bevor Christus auf die Erde kam. Das wissen wir, weil Paulus einen Vers vom Anfang der Bibel (1. Mose 2,24) zitierte, als er das Geheimnis der Ehe erklärte: »Darum wird ein Mann seinen Vater und seine Mutter verlassen und seiner Frau anhangen, und sie werden zu einem Fleisch werden.« Im nächsten Satz legt er dann das aus, was er gerade zitiert hat: »Dieses Geheimnis ist groß, ich aber deute es auf Christus und die Gemeinde« (Epheser 5,31-32).

Das bedeutet, dass die Ehe vor Urzeiten in Gottes Gedanken

entworfen wurfe, um Christi Beziehung zu seiner Gemeinde zu veranschaulichen. Die Ehe wurde als »Geheimnis« bezeichnet, weil dieser Zweck der Ehe erst beim Kommen Christi offenbart wurde. Jetzt verstehen wir, dass die Ehe dazu bestimmt ist, die Liebe Christi zu seiner Gemeinde in dieser Welt sichtbarer zu machen.

Da dies schon von Anfang an Gottes Plan war, hatte auch Christus dies im Sinn, als er in den Tod ging. Er wusste, dass es eine der vielen Auswirkungen seines Leiden sein sollte, die tiefe Bedeutung der Ehe zu verdeutlichen. Sein ganzes Leiden sollte eine Botschaft insbesondere an alle Ehemänner: So soll jeder Mann seine Frau lieben.

Obwohl Gott ursprünglich nicht geplant hatte, dass es unglückliche Ehen geben sollte, sind viele Ehen dennoch schlecht. Das war die Auswirkung der Sünde. Sie bringt uns dazu, uns gegenseitig schlecht zu behandeln. Christus litt und starb, um das zu ändern. Ehefrauen haben dabei ihren Teil der Verantwortung. Aber Christus gibt den Ehemännern eine besondere Verantwortung. Darum sagt die Bibel: »Ihr Männer, liebt eure Frauen, wie auch der Christus die Gemeinde geliebt und sich selbst für sie hingegeben hat« (Epheser 5,25).

Ehemänner sind nicht Christus. Aber sie sind aufgerufen, so wie er zu sein. Und der besondere Punkt der Christusähnlichkeit ist die Bereitschaft des Ehemanns für seine Frau zu leiden, ohne ihr zu drohen oder sie schlecht zu behandeln. Das schließt ein, dass er leidensbereit sein soll, um sie vor jeder äußeren Gefahr zu schützen. Außerdem sollte er es sogar ertragen, wenn er von ihr enttäuscht oder schlecht behandelt wird. Diese Art der Liebe ist möglich, weil Christus sowohl für den Mann als auch für die Frau starb. Ihre Sünden sind vergeben. Keiner muss den anderen wegen einer Sünde leiden lassen. Christus hat dieses Leiden getragen. Jetzt können wir, die wir beide begnadigte Sünder sind, Böses mit Gutem vergelten.

Um ein Volk zu schaffen, das eifrig ist in guten Werken

*Der hat sich selbst für uns gegeben,
damit er uns loskaufte von aller Gesetzlosigkeit
und sich selbst ein Eigentumsvolk reinigte,
das eifrig sei in guten Werken.*

Titus 2,14

Die zentrale Wahrheit des Christentums ist, dass uns vergeben ist und Gott uns angenommen hat, nicht weil wir gute Werke getan haben, sondern um uns zu guten Werken zu befähigen und zu motivieren. Die Bibel erklärt: Gott »hat uns errettet … nicht nach unseren Werken« (2. Timotheus 1,9). Gute Werke sind nicht die Grundlage, warum Gott uns angenommen hat, sondern sie sind die Früchte, die daraus hervorkommen. Christus hat nicht gelitten und ist nicht gestorben, weil wir ihm gute Werke brachten, sondern er starb, um »sich selbst ein Eigentumsvolk zu reinigen, das eifrig sei in guten Werken« (Titus 2,14).

Das ist die Bedeutung von Gnade. Unsere Werke machen uns nicht gerecht vor Gott. Rechtfertigung muss eine freie Gabe sein. Wir können diese Gerechtigkeit nur durch den Glauben empfangen und sie als unseren großen Schatz wertschätzen. Darum sagt die Bibel: »Denn aus Gnade seid ihr errettet durch Glauben, und das nicht aus euch, Gottes Gabe ist es; nicht aus Werken, damit niemand sich rühme« (Epheser 2,8-9). Christus litt und starb, damit gute Werke daraus *folgen*. Sie sind nicht die Ursache dafür, dass Gott uns angenommen hat.

Wir sind nicht überrascht, wenn wir im nächsten Satz lesen: »Denn wir sind … in Christus Jesus geschaffen zu guten Werken« (Epheser 2,10). Das heißt, wir sind nicht errettet worden *wegen* unserer guten Werke, sondern *um zu* guten Werken bereit zu sein. Christus will uns nicht nur zu solchen guten Werken *befähigen*, sondern auch *eifrig* dafür machen. Deswegen gebraucht die Bibel das Wort »Eifer«. Christus starb, um uns *eifrig* zu guten Werken zu machen. Eifer bedeutet Leidenschaft. Christus ist nicht gestorben, um gute Werke einfach nur zu ermöglichen oder damit wir sie halbherzig ausüben. Er starb, um in uns eine *Leidenschaft* für gute Werke zu wecken. Christliche Heiligkeit vermeidet nicht bloß das Böse, sondern strebt nach dem Guten.

Jesus hatte gute Gründe, warum er den unendlichen Preis bezahlte, damit wir die guten Werke mit Leidenschaft tun. Diese Hauptgründe erklärte er folgendermaßen: »So soll euer Licht leuchten vor den Menschen, damit sie eure guten Werke sehen und euren Vater, der in den Himmeln ist, verherrlichen« (Matthäus 5,16). Gott wird verherrlicht durch die guten Werke der Christen. Für diese Herrlichkeit litt und starb Christus.

Da Gottes Vergebung und Gnade uns von Angst, Stolz und Habgier befreit hat, sind wir jetzt voller Eifer, unseren Nächsten mit der gleichen Liebe zu lieben, mit der auch wir geliebt worden sind. Wir riskieren unseren Besitz und unser Leben, weil wir in Christus sicher geborgen sind. Wenn wir unseren Nächsten so lieben, steht unser Verhalten im Gegensatz zum weltlich gesinnten Trachten nach Selbstverwirklichung und Selbsterhaltung. Dann wird die Aufmerksamkeit gelenkt auf unseren lebensverändernden Schatz und unsere Sicherheit: Gott selbst.

Und was sind diese »guten Werke«? Ohne die Vielfalt einzugrenzen, meint die Bibel damit hauptsächlich, anderen Menschen in dringender Not zu helfen. Besonders denen, die am wenigsten besitzen und am meisten leiden. Die Bibel sagt zum Beispiel: »Lasst aber auch die Unseren lernen, für die notwendigen Bedürfnisse sich guter Werke zu befleißigen, damit sie nicht unfruchtbar seien« (Titus 3,14). Christus starb, um uns zu Menschen zu machen, die mit Leidenschaft den Armen und Bedrückten helfen. Das ist das Beste, was wir in unserem Leben machen können, egal was es uns in dieser Welt kostet. Anderen wird geholfen, wir freuen uns und Gott wird verherrlicht.

37

Um uns aufzurufen, seinem Beispiel der Demut und aufopfernden Liebe zu folgen

Denn das ist Gnade, wenn jemand wegen des Gewissens vor Gott Leiden erträgt, indem er zu Unrecht leidet … Wenn ihr aber ausharrt, indem ihr Gutes tut und leidet, das ist Gnade bei Gott. Denn hierzu seid ihr berufen worden; denn auch Christus hat für euch gelitten und euch ein Beispiel hinterlassen, damit ihr seinen Fußspuren nachfolgt.

1. Petrus 2,19-21

Denn betrachtet den, der so großen Widerspruch von den Sündern gegen sich erduldet hat, damit ihr nicht ermüdet und in euren Seelen ermattet! Ihr habt im Kampf gegen die Sünde noch nicht bis aufs Blut widerstanden.

Hebräer 12,3-4

Habt diese Gesinnung in euch, die auch in Christus Jesus war, der in Gestalt Gottes war und es nicht für einen Raub hielt, Gott gleich zu sein. Aber er machte sich selbst zu nichts und nahm Knechtsgestalt an, indem er den Menschen gleich geworden ist, und der Gestalt nach wie ein Mensch befunden, erniedrigte er sich selbst und wurde gehorsam bis zum Tod, ja, zum Tod am Kreuz.

Philipper 2,5-8

Nachahmung ist nicht die Errettung. Aber Errettung führt zur Nachahmung. Christus ist uns nicht in erster Linie als Vorbild gegeben, sondern als Retter. In der Erfahrung des Gläubigen kommt zuerst die Vergebung und dann das Vorbild Christi. In der Erfahrung Christi geschah jedoch beides gleichzeitig: Das gleiche Leiden, das unsere Sünden tilgt, zeigt uns auch, wie wir lieben sollen.

Tatsächlich kann Christus nur ein Vorbild für uns sein, wenn wir seine Vergebung erfahren haben. Das hört sich falsch an, weil sein Leiden einzigartig war und nicht nachgeahmt werden kann. Nur der Sohn Gottes konnte für uns so leiden. Er ertrug die Strafe für unsere Sünden in einer Weise, wie es kein anderer hätte tun können. Er litt stellvertretend. Das können wir niemals nachmachen. Er starb ein für allemal, der Gerechte für die Ungerechten. Von Gott anerkanntes, stellvertretendes Leiden für Sünder ist unnachahmbar.

Doch dieses einzigartige Leiden verwandelt diejenigen, die dadurch Vergebung und Rechtfertigung empfangen haben, in Nachahmer Jesu. Sie ahmen zwar nicht seine Sühne nach, aber sie verhalten sich wie Jesus und lieben wie er. Wie Jesus leiden sie, um anderen Gutes tun. Wie Jesus vergelten sie nicht Böses mit Bösem. Wie Jesus sind sie demütig und sanftmütig. Wie Jesus ertragen sie geduldig Leid. Wie Jesus dienen sie anderen. Jesus litt für uns auf einzigartige Weise, damit auch wir für die Sache der Liebe mit ihm leiden.

Der Apostel Paulus sagte, dass er zuerst danach strebte, durch den Glauben Anteil an Christi Gerechtigkeit zu haben und dann im Dienst für den Herrn an seinen Leiden teilzunehmen: »[Damit ich in Christus] erfunden werde – indem ich nicht meine Gerechtigkeit habe, die aus dem Gesetz ist, sondern die durch den Glauben an Christus, ... um ihn und ... die Gemeinschaft seiner Leiden zu erkennen, indem ich seinem Tod gleich gestaltet werde« (Philipper 3,9-10). Erst müssen wir gerechtfertigt werden, dann können wir Nachahmer sein. Erst durch Christi Leiden, das uns gerechtfertigt hat, können wir als Nachfolger Jesu auch für das Evangelium leiden. Unser Leiden für andere wendet nicht den Zorn Gottes ab. Es zeigt nur, was es wert ist, dass Gott wegen Christi Leiden seinen Zorn von uns abgewendet hat. Es weist Menschen auf Gott hin.

Wenn die Bibel uns dazu aufruft, »alles zu »erdulden um der Auserwählten willen, damit auch sie die Errettung, die in Christus Jesus ist, mit ewiger Herrlichkeit erlangen« (2. Timotheus 2,10), heißt das, dass unser Nachahmen Christi Menschen auf den einzigen hinweist, der retten kann. Unser Leiden ist wichtig, aber nur Christi Leiden kann retten. Lasst uns daher seine Liebe nachahmen, aber nicht seinen Platz einnehmen.

38

Um eine Schar von gekreuzigten Nachfolgern herauszurufen

*Wenn jemand mir nachkommen will,
verleugne er sich selbst und nehme sein Kreuz auf täglich
und folge mir nach!*

Lukas 9,23

*Wer nicht sein Kreuz aufnimmt und mir nachfolgt,
ist meiner nicht würdig.*

Matthäus 10,38

Christus starb, um Leidensgenossen auf dem Weg nach Golgatha zu sammeln. Golgatha ist der Name des Hügels, auf dem er gekreuzigt wurde. Er wusste, dass sein Weg letztlich dorthin führen würde. Ja, er »richtete sein Angesicht fest darauf«, dorthin zu gehen (Lukas 9,51). Nichts sollte ihn an seinem Auftrag hindern, zu sterben. Er wusste wo und wann es geschehen sollte. Als ihn jemand auf dem Weg nach Jerusalem warnte, dass er in Gefahr vor König Herodes sei, lehnte er den Gedanken ab, dass Herodes den Plan Gottes durchkreuzen könnte. »Geht hin und sagt diesem Fuchs: ›Siehe, ich treibe Dämonen aus und vollbringe Heilungen heute und morgen, und am dritten Tag werde ich vollendet‹« (Lukas 13,32). Alles geschah nach Plan. Und als dann schließlich das Ende kam und die Meute ihn am Vorabend seines Todes verhaftete, sagte er zu ihnen: »Aber dies alles ist geschehen, damit die Schriften der Propheten erfüllt werden« (Matthäus 26,56).

In gewissem Sinne ist die Straße nach Golgatha da, wo Menschen Jesus begegnen. Es stimmt, dass er den Weg bereits gegangen, dass er gestorben und auferstanden ist und jetzt im Himmel regiert, bis er wiederkommt. Aber wenn Christus heute jemandem begegnet, dann immer auf dem Weg nach Golgatha – auf dem Weg zum Kreuz. Wann immer er jemanden auf dem Weg nach Golgatha begegnet, sagt er: »Wenn jemand mir nachkommen will, verleugne er sich selbst und nehme sein Kreuz auf täglich und folge mir nach« (Lukas 9,23). Als Christus ans Kreuz ging, war es sein Ziel, eine große Menge von Gläubigen zu berufen, die ihm auf diesem Weg nachfolgen.

Der Grund dafür ist nicht, dass Jesus heute nochmal sterben müsste, sondern dass *wir* sterben müssen. Wenn er sagt, dass wir unser Kreuz auf uns nehmen sollen, meinte er, wir sollen zu ihm kommen und mit ihm sterben. Das Kreuz war ein fürchterliches Hinrichtungsinstrument. Zu Jesu Zeiten wäre es undenkbar gewesen, ein Kreuz als Schmuckstück zu tragen. Das wäre so, als trüge man einen elektrischen Stuhl oder einen Galgen um den Hals. Seine Worte müssen seine Zuhörer tief erschreckt haben: »Wer nicht sein Kreuz aufnimmt und mir nachfolgt, ist meiner nicht würdig« (Matthäus 10,38).

Auch heute noch sind das ernüchternde Worte. Gemeint ist zumindest, dass das alte selbstbestimmende und selbstverliebte Ich gekreuzigt werden muss, wenn ich Jesus als meinem Erlöser und Herrn nachfolge. Ich muss mich tagtäglich als tot für die Sünde und lebend für Gott betrachten. Das ist der Weg zum Leben: »So auch ihr, haltet euch der Sünde für tot, Gott aber lebend in Christus« (Römer 6,11).

Aber Nachfolge Jesu auf dem Weg nach Golgatha bedeutet mehr. Es bedeutet, dass Jesus starb, damit wir bereit sind, seine Schmach zu tragen. »Darum hat Jesus … außerhalb des Tores gelitten. Deshalb lasst uns zu ihm hinausgehen, außerhalb des Lagers, und seine Schmach tragen« (Hebräer 13,12-13).

Aber nicht nur die Schmach, sondern wenn nötig auch den Märtyrertod. Die Bibel beschreibt einige Nachfolger Christi folgendermaßen: »Sie haben ihn [Satan] überwunden um des Blutes des Lammes und um des Wortes ihres Zeugnisses willen, und sie haben ihr Leben nicht geliebt bis zum Tod« (Offenbarung 12,11). So hat das Lamm Gottes Jesu Blut vergossen, damit wir den Teufel besiegen können, indem wir auf sein Blut vertrauen und unseres vergießen. Jesus ruft uns auf den Weg nach Golgatha. Es ist kein leichtes, aber ein gutes Leben. Kommen Sie mit.

Um uns von der Angst vor dem Tod zu befreien

Weil nun die Kinder Blutes und Fleisches teilhaftig sind,
hat auch er in gleicher Weise daran Anteil gehabt,
um durch den Tod den zunichte zu machen,
der die Macht des Todes hat, das ist den Teufel,
und um alle die zu befreien,
die durch Todesfurcht das ganze Leben hindurch
der Knechtschaft unterworfen waren.

Hebräer 2,14-15

Jesus nannte Satan einen Mörder. »Jener war ein Menschenmörder von Anfang an und stand nicht in der Wahrheit ... Denn er ist ein Lügner und der Vater derselben« (Johannes 8,44). Aber sein Hauptinteresse ist nicht das Töten, sondern das Verdammen. Tatsächlich zieht er es vor, dass seine Nachfolger ein langes und glückliches Leben haben – um die Heiligen zu verspotten und die Schrecken der Hölle zu verbergen.

Seine Macht, Menschen in die Verdammnis zu bringen, liegt nicht in ihm selbst, sondern in der Sünde, zu der er inspiriert und in den Lügen, die er verbreitet. Das einzige, was verdammt, sind nicht vergebene Sünden. Flüche, Zaubereien, Voodoo, spiritistische Sitzungen, Verwünschungen, schwarze Magie, Geistererscheinungen, übersinnliche Stimmen – all das bringt niemanden in die Hölle. Das sind alles nur Schikanen des Teufels. Seine einzige tödliche Waffe ist die Macht, uns zu verführen. Seine Hauptlüge ist, dass es besser sei, sich selbst zu verherrlichen, als Christus zu verherrlichung und Sünde besser sei als Gerechtigkeit. Nehme man ihm diese Waffe weg, hätte er keine Macht mehr über den ewigen Tod.

Und dazu kam Christus: um Satan zu entwaffnen. Dafür nahm er unsere Sünden auf sich und litt für sie. Als das geschehen war, konnte der Teufel keine Sünden mehr gegen uns verwenden. Kann er uns noch verhöhnen? Ja. Kann er uns verspotten? Ja.

Kann er uns verdammen? Nein. Christus nahm an unserer Stelle den Fluch auf sich. So sehr er sich auch anstrengt, kann Satan uns nicht verderben. Der Zorn Gottes ist weggenommen. Seine Gnade ist unser Schutz. Und Satan kann nichts gegen uns ausrichten.

Um diese Befreiung zu erreichen, musste Christus Menschengestalt annehmen, weil er den Tod sonst nicht hätte erfahren können. Nur der Tod des Sohnes Gottes konnte den zerstören, der die Macht des Todes hatte. Daher sagt die Bibel: »Weil nun die Kinder Blutes und Fleisches teilhaftig sind, hat auch er in gleicher Weise daran Anteil gehabt, um durch den Tod den zunichte zu machen, der die Macht des Todes hat, das ist der Teufel« (Hebräer 2,14). Als Christus für unsere Sünden starb, entriss er dem Teufel seine einzige tödliche Waffe: unvergebene Sünde.

Christus wollte uns durch seine Tat von der Angst befreien. Als er starb, befreite er alle, »die durch Todesfurcht das ganze Leben hindurch der Knechtschaft unterworfen waren« (Hebräer 2,14). Die Angst vor dem Tod versklavt den Menschen. Sie macht uns ängstlich und betäubt uns. Jesus starb, um uns zu befreien. Wenn die Angst vor dem Tod durch eine selbstaufopfernde Liebestat vernichtet ist, dann ist auch die Versklavung unter die überhebliche Selbsterhaltung gebrochen. Wir sind befreit, um wie Christus zu lieben, auch wenn es uns das Leben kostet.

Der Teufel kann vielleicht noch unseren Körper töten, aber nicht unsere Seele. Sie ist sicher in Christus. Auch unser sterblicher Körper wird eines Tages auferstehen: »So wird er, der Christus Jesus aus den Toten auferweckt hat, auch eure sterblichen Leiber lebendig machen wegen seines in euch wohnenden Geistes« (Römer 8,11). Wir sind die freiesten Menschen auf der Erde. Und die Bibel erklärt unmissverständlich, wofür uns diese Freiheit gegeben wurde: »Denn ihr seid zur Freiheit berufen worden, Brüder, nur gebraucht nicht die Freiheit als Anlass für das Fleisch, sondern dient einander durch die Liebe« (Galater 5,13).

Damit wir sofort nach dem Tod bei ihm sind

… der für uns gestorben ist, damit wir, ob wir wachen oder schlafen, zusammen mit ihm leben.

1. Thessalonicher 5,10

Denn das Leben ist für mich Christus und das Sterben Gewinn. Ich werde aber von beidem bedrängt: Ich habe Lust, abzuscheiden und bei Christus zu sein, denn es ist weit besser.

Philipper 1,21.23

Wir sind aber guten Mutes und möchten lieber ausheimisch vom Leib und einheimisch beim Herrn sein.

2. Korinther 5,8

Aus biblischer Sicht ist unser Körper an sich nicht schlecht. Im christlichen Glauben hat der Körper nicht die gleiche Bedeutung wie in der Religion der griechischen Antike, wo der Körper nur eine Bürde war, die man gerne los wurde. Nein, der Tod ist ein Feind. Wenn unser Körper stirbt, dann verlieren wir etwas Kostbares. Christus hat nichts gegen den Körper, sondern heißt ihn gut. Die Bibel sagt klar: »Der Leib aber ist nicht für die Hurerei, sondern für den Herrn und der Herr für den Leib« (1. Korinther 6,13). Das ist eine wunderbare Aussage: Der Herr ist für den Körper!

Wir dürfen aber nicht behaupten, dass es ohne den Körper weder Leben noch Bewusstsein gäbe. Das lehrt die Bibel nicht. Christus starb nicht nur, um den Körper zu erlösen, sondern auch, um unsere Seele so eng an ihn zu binden, dass wir sogar ohne Körper bei ihm sind. Das ist für uns ein großer Trost im Leben wie im Sterben. Christus starb, damit wir uns in dieser Hoffnung freuen können.

Einerseits erklärt die Bibel, dass der Verlust des Körpers beim Tod die Seele nackt zurücklässt: »Denn wir freilich, die in dem Zelt [das ist der Körper] sind, seufzen beschwert, weil wir nicht entkleidet, sondern überkleidet werden möchten, damit das Sterbliche verschlungen werde vom Leben« (2. Korinther 5,4). Anders ausgedrückt: Wir würden am liebsten direkt nach dem Tod einen Auferstehungsleib haben, und zwar ohne eine Übergangszeit, in der unser Körper im Grab liegt. Genau das werden jene Menschen erleben, die bei der Wiederkunft Christi noch am Leben sind.

Andererseits lobt die Bibel diese Übergangszeit, wenn unsere Seele im Himmel ist und unser Körper im Grab. Es ist zwar nicht die endgültige Herrlichkeit, aber es ist herrlich. Wir lesen: »Denn das Leben ist für mich Christus und das Sterben Gewinn« (Philipper 1,21). Ja, der zeitweilige Verlust des Körpers ist »Gewinn«! In gewissem Sinne sind wir dann »unbekleidet«. Aber mehr als alles andere ist es ein »Gewinn«! Warum? Weil der Tod eines Gläubigen bedeutet, dass er heimgeht zu Christus. Der Apostel Paulus drückt es so aus: »Ich habe Lust, abzuscheiden und bei Christus zu sein, denn es ist weit besser« (Philipper 1,23).

»Weit besser«! Das heißt, es ist noch nicht das Beste. Das Beste kommt erst noch, wenn der Körper gesund und glorreich auferweckt wird. Aber es ist immer noch »weit besser«. Wir erfreuen uns an einer vertrauten Gemeinschaft mit Christus, wir sind »einheimisch beim Herrn«. So sagten die ersten Christen: »Wir sind aber guten Mutes und möchten lieber ausheimisch vom Leib und einheimisch beim Herrn sein« (2. Korinther 5,8). Wir, die an Christus glauben, hören nicht auf zu existieren, wenn wir sterben. Wir fallen nicht in eine Art »Seelenschlaf«. Wir werden bei Christus sein. Wir sind dann »zu Hause«. Das ist »weit besser«. Es ist »Gewinn«.

Das ist einer der wichtigsten Gründe, warum Christus litt. Jesus Christus »ist für uns gestorben, damit wir, ob wir wachen oder schlafen, zusammen mit ihm leben« (1. Thessalonicher 5,10). Der Körper liegt im Grab, als würde er schlafen. Aber wir leben mit Christus im Himmel. Das ist nicht unsere letzte Hoffnung. Eines Tages wird der Körper auferweckt werden. Aber abgesehen davon ist es unbeschreiblich wertvoll, bei Christus zu sein.

Um unsere Auferstehung von den Toten sicherzustellen

Denn wenn wir verwachsen sind mit der Gleichheit seines Todes, so werden wir es auch mit der seiner Auferstehung sein.

Römer 6,5

Wenn aber der Geist dessen,
der Jesus aus den Toten auferweckt hat, in euch wohnt,
so wird er, der Christus Jesus aus den Toten auferweckt hat,
auch eure sterblichen Leiber lebendig machen
wegen seines in euch wohnenden Geistes.

Römer 8,11

Das Wort ist gewiss. Denn wenn wir mitgestorben sind, werden wir auch mitleben.

2. Timotheus 2,11

Die Schlüssel des Todes hingen im Innern der Gruft Christi. Außerhalb des Grabes konnte Christus viele Wunder vollbringen. Dazu gehörte die Totenauferweckung eines zwölfjährigen Mädchens und zweier Männer – die jedoch alle wieder sterben mussten (Markus 5,41-42; Lukas 7,14-15; Johannes 11,43-44). Um Menschen von den Toten aufzuerwecken, ohne dass sie wieder sterben, musste Christus für sie sterben, ins Grab hinabsteigen, die Schlüssel nehmen und die Tür des Todes von innen aufschließen.

Die Auferstehung Jesu ist Gottes Geschenk und der Beweis, dass mit seinem Tod die Sünden seiner Gläubigen vollständig und erfolgreich ausgelöscht worden sind. Der Zorn Gottes ist abgewendet worden. Das erkennt man an dem Wörtchen »darum«. Christus war »gehorsam bis zum Tod, ja, zum Tod am Kreuz. *Darum* hat Gott ihn auch hoch erhoben« (Philipper 2,8-9). Am Kreuz rief der Sohn Gottes: »Es ist vollbracht« (Johannes 19,30). Und durch die Auferstehung spricht Gott der Vater: »Es ist wirklich vollbracht!« Dieses großartige Werk, für unsere Sünden zu bezahlen, uns zu rechtfertigen und Gottes Gerechtigkeit zufrieden zu stellen, wurde durch den Tod Jesu vollendet.

Im Grab hatte er dann das Recht und die Macht, die Schlüssel des Todes zu nehmen und allen, die im Glauben zum ihm kommen, die Tür zu öffnen. Wenn für die Sünde bezahlt, Gerechtigkeit geschenkt und das Recht wieder hergestellt worden ist, kann nichts Christus oder seine Gläubigen im Grab halten. Darum rief Jesus: »Ich war tot, und siehe, ich bin lebendig in alle Ewigkeit und habe die Schlüssel des Todes und des Hades« (Offenbarung 1,18).

Die Bibel ist durchdrungen von der Wahrheit, dass die Verbundenheit mit Jesus bedeutet, mit ihm von den Toten aufzuerstehen. »Denn wenn wir verwachsen sind mit der Gleichheit seines Todes, so werden wir es auch mit der Auferstehung sein« (Römer 6,5). »Denn wenn wir glauben, dass Jesus gestorben und auferstanden ist, wird auch Gott ebenso die Entschlafenen durch Jesus mit ihm bringen« (1. Thessalonicher 4,14). »Gott aber hat den Herrn auferweckt und wird auch uns auferwecken durch seine Macht« (1. Korinther 6,14).

Hier besteht die Verbindung zwischen Christi Tod und unserer Auferstehung: »Der Stachel des Todes ist aber die Sünde« (1. Korinther 15,56). Das bedeutet, wir haben alle gesündigt, und das Gesetz verurteilt den Sünder zum ewigen Tod. Aber der Text geht weiter: »Gott aber sei Dank, der uns den Sieg gibt durch unseren Herrn Jesus Christus« (Vers 57). Mit anderen Worten: Die Forderung des Gesetzes wurde durch Jesu Leben und Sterben erfüllt. Daher sind die Sünden vergeben. Daher ist der Stachel genommen. Daher werden die, die an Christus glauben, nicht mit dem ewigen Tod bestraft, sondern »unverweslich auferweckt ... dann wird das Wort erfüllt werden, das geschrieben steht: ›Verschlungen ist der Tod in Sieg‹« (1. Korinther 15,52.54). Lassen Sie sich in Staunen versetzen und kommen Sie zu Christus. Er lädt Sie ein: »Ich bin die Auferstehung und das Leben; wer an mich glaubt, wird leben, auch wenn er gestorben ist« (Johannes 11,25).

Um die Gewalten und Mächte zu entwaffnen

Er hat den Schuldschein gegen uns gelöscht,
den in Satzungen bestehenden, der gegen uns war,
und ihn auch aus unserer Mitte fortgeschafft,
indem er ihn ans Kreuz nagelte; er hat die Gewalten
und die Mächte völlig entwaffnet
und sie öffentlich zur Schau gestellt.
In ihm hat er den Triumph über sie gehalten.

Kolosser 2,14-15

Wer die Sünde tut, ist aus dem Teufel,
denn der Teufel sündigt von Anfang an.
Hierzu ist der Sohn Gottes geoffenbart worden,
damit er die Werke des Teufels vernichte.

1. Johannes 3,8

Die in der Bibel oft erwähnten »Gewalten und Mächte« können sich auf weltliche Regierungen beziehen. Aber wenn wir lesen, dass Christus am Kreuz die »Gewalten und Mächte entwaffnet« und »sie öffentlich zur Schau gestellt« und »über sie einen Triumph gehalten« hat, dann sollten wir an dämonische Mächte denken, die die Welt beherrschen. Eine der stärksten Aussagen über diese dämonischen Mächte steht in Epheser 6,12: »Unser Kampf ist nicht gegen Fleisch und Blut, sondern gegen die *Gewalten*, gegen die *Mächte*, gegen die Weltbeherrscher dieser Finsternis, gegen die Geister der Bosheit in der Himmelswelt.«

Satan wird drei Mal der »Fürst dieser Welt« genannt. In der letzten Stunde seines Lebens sagte Jesus: »Jetzt ist das Gericht dieser Welt, jetzt wird der Fürst dieser Welt hinausgeworfen werden« (Johannes 12,31). Jesu Tod war die entscheidende Niederlage für den »Fürst dieser Welt« – den Teufel. Und wenn Satan besiegt ist, sind auch seine gefallenen Engel bezwungen.

Sie alle erlitten den Todesstoß, als Jesus am Kreuz starb. Das heißt nicht, dass sie nicht mehr existieren. Wir kämpfen auch heute noch gegen sie. Aber sie sind besiegte Feinde. Wir wissen, dass wir den entscheidenden Sieg davongetragen haben. Es ist fast so, als hätte man einem großen Drachen seinen Kopf abgeschlagen und er schlägt immer noch wütend um sich, bis er verblutet ist. Die Schlacht ist gewonnen. Aber wir müssen uns immer noch vor dem Schaden, den er anrichten kann, hüten.

Mit Jesu Tod hat Gott »unseren Schuldbrief, der gegen uns war, ausgetilgt ... aus der Mitte weggenommen, indem er ihn ans Kreuz nagelte« (Kolosser 2,14; siehe Kapitel 7). So hat er »die Gewalten und Mächte völlig entwaffnet und öffentlich bloßgestellt«. Mit anderen Worten: Wenn Gottes Gesetz uns nicht länger verurteilt, weil Christus unsere Schuld ausgetilgt hat, dann kann Satan uns nicht mehr verklagen.

Schon vor Christus war es Satans großes Werk, Gottes Volk anzuklagen. Das Wort *Satan* bedeutet »Widersacher oder Verkläger«. Aber lesen wir, was geschah, als Christus starb. Der Apostel Johannes schreibt: »Und ich hörte eine laute Stimme im Himmel sagen: Nun ist das Heil und die Kraft und das Reich unseres Gottes und die Macht seines Christus gekommen; denn hinabgeworfen ist der *Verkläger unserer Brüder*« (Offenbarung 12,10). Das ist die Entwaffnung und der Sieg über die Gewalten und Mächte.

In Christus kann jetzt gegen Gottes Auserwählte keine Klage mehr bestehen. »Wer wird gegen Gottes Auserwählte Anklage erheben? Gott ist es, der rechtfertigt« (Römer 8,33). Weder Mensch noch Satan kann eine Klage vorbringen. Der Fall ist geschlossen. Christus ist unsere Gerechtigkeit. Unser Verleumder ist entwaffnet. Beim Versuch, uns vor dem himmlischen Gericht anzuklagen, wird er zutiefst beschämt werden. Jetzt sollten wir in dieser Welt unerschrocken und frei Christus dienen und Menschen lieben! Niemand, der auf Christus vertraut, wird verurteilt. So sollten wir uns nun abwenden von den Versuchungen des Teufels. Seine Versprechen sind Lügen und seine Macht ist zerstört.

Um durch das Evangelium die Kraft Gottes freizusetzen

Denn das Wort vom Kreuz ist denen, die verloren gehen, Torheit; uns aber, die wir errettet werden, ist es Gottes Kraft.

1. Korinther 1,18

Denn ich schäme mich des Evangeliums nicht, ist es doch Gottes Kraft zum Heil jedem Glaubenden, sowohl dem Juden zuerst als auch dem Griechen.

Römer 1,16

Evangelium bedeutet gute Botschaft. Es ist in erster Linie eine gute Botschaft, dann erst Theologie. Eine Botschaft ist der Bericht, dass etwas Bedeutendes geschehen ist. Eine *gute* Botschaft verkündet, dass etwas geschehen ist, das die Menschen glücklich macht. Das Evangelium ist die beste Botschaft überhaupt, weil etwas verkündet wird, das die Menschen für immer glücklich macht.

Das Evangelium verkündet den Tod und die Auferstehung Christi. Der Apostel Paulus macht die Wichtigkeit dieser Nachricht deutlich:

> *Ich tue euch aber, Brüder, das Evangelium kund … dass Christus für unsere Sünden gestorben ist nach den Schriften, und dass er begraben wurde und dass er auferweckt worden ist am dritten Tag nach den Schriften … Danach erschien er mehr als fünfhundert Brüdern auf einmal, von denen die meisten bis jetzt übrig geblieben sind (1. Korinther 15,1-7).*

Die Kernaussage des Evangeliums ist, dass »Christus für unsere Sünden gestorben ist … begraben wurde … auferweckt wurde … und mehr als fünfhundert Menschen erschienen ist«. Die Aussage, dass viele dieser Zeugen noch lebten, zeigt, wie sachlich das Evangelium ist. Paulus meinte damit, dass die Leser einige Zeugen finden könnten, um sie zu befragen. Das Evangelium ist eine Botschaft über Tatsachen. Und diese Tatsachen konnten überprüft werden. Es gab Zeugen für Jesu Tod, Begräbnis und Auferstehung.

Tragisch ist, dass viele Menschen diese gute Nachricht für töricht halten. Paulus sagte: »Denn das Wort vom Kreuz ist denen, die verloren gehen, Torheit; uns aber, die errettet werden, ist es Gottes Kraft« (1. Korinther 1,18). Um diese Kraft freizusetzen, starb Jesus. »Das Evangelium ... ist Gottes Kraft zum Heil jedem Glaubenden« (Römer 1,16).

Warum wird der Tod Christi nicht von allen Menschen als gute Botschaft aufgenommen? Wir müssen erst erkennen, dass sie wahr und gut ist, bevor wir daran glauben können. Also fragt man sich: Warum glauben manche Menschen, dass es eine wahre und gute Nachricht ist und andere nicht? Eine Antwort darauf steht in 2. Korinther 4,4: »Den Ungläubigen, bei denen der Gott dieser Welt [Satan] den Sinn verblendet hat, damit sie den Lichtglanz des Evangeliums von der Herrlichkeit des Christus, der Gottes Bild ist, nicht sehen.« Davon abgesehen, ist die sündige menschliche Natur selbst blind für echte geistige Wirklichkeit. »Ein natürlicher Mensch aber nimmt nicht an, was des Geistes Gottes ist, denn es ist ihm eine Torheit« (1. Korinther 2,14).

Wenn jemand erkennen soll, dass das Evangelium wahr und gut ist, muss erst durch Gottes Kraft die satanische Blindheit und die menschliche Taubheit überwunden werden. Darum sagt die Bibel, dass das Evangelium zwar für viele eine Torheit ist, doch »den Berufenen selbst aber, Christus, Gottes Kraft und Gottes Weisheit« (1. Korinther 1,24). Dieser »Ruf« ist eine Gnadentat Gottes, die alle natürliche Unempfänglichkeit und satanische Blindheit wegnimmt, damit wir erkennen, dass Christus die gute Wahrheit ist. Diese Gnadentat selbst ist Christi Geschenk, das er mit seinem Blut erkauft hat. Schauen Sie auf ihn und beten Sie, dass Gott Ihnen die Fähigkeit schenkt, das Evangelium Christi zu erkennen und anzunehmen.

Um die Feindschaft zwischen Volksgruppen zu beheben

Er hat … die Zwischenwand der Umzäunung,
die Feindschaft, in seinem Fleisch abgebrochen.
Er hat das Gesetz der Gebote in Satzungen beseitigt,
um die zwei – Frieden stiftend – in sich selbst
zu einem neuen Menschen zu schaffen und die beiden
in einem Leib mit Gott zu versöhnen durch das Kreuz,
durch das er die Feindschaft getötet hat.

Epheser 2,14-16

Das Misstrauen, die Vorurteile und das gegenseitig demütigende Verhalten unter den Juden und Heiden (Nichtjuden) in neutestamentlicher Zeit war genauso ernst wie die Rassenprobleme und Feindseligkeiten der heutigen ethnischen und nationalen Gruppen. Ein negativer Vorfall dieser Art ereignete sich in Antiochien zwischen Kephas (Petrus) und Paulus. Paulus berichtet von der Begebenheit: »Als aber Kephas nach Antiochien kam, widerstand ich ihm ins Angesicht, weil er verurteilt war. Denn bevor einige von Jakobus kamen, hatte er mit den Nationen gegessen; als sie aber kamen, zog er sich zurück und sonderte sich ab, da er sich vor denen aus der Beschneidung fürchtete« (Galater 2,11-12).

Petrus war durch das Evangelium Jesu Christi frei geworden. Obwohl er ein jüdischer Christ war, hatte er mit nichtjüdischen Christen gegessen. Die Trennwand war gefallen. Die Feindschaft war überwunden. Dafür war Christus gestorben. Aber dann kamen einige konservative Juden nach Antiochien. Kephas geriet in Panik. Weil er sich vor der Kritik dieser Juden fürchtete, distanzierte er sich von den Heiden.

Der Apostel Paulus war direkt damit konfrontiert. Was würde er tun? Sollte er das so hinnehmen? Sollte er Frieden zwischen den konservativen Besuchern und den eher freier gesinnten christlichen Juden in Antiochien bewahren? Der Schlüssel zu Paulus' Verhalten liegt in folgender Aussage: »Ich sah, dass sie nicht den geraden Weg nach der Wahrheit des Evangeliums wandelten« (Galater 2,14). Das ist eine entscheidende Aussage. Rassentrennung ist ein Thema des Evangeliums! Kephas' Angst und sein Rückzug aus der Gemeinschaft mit Heiden entsprach nicht »der Wahrheit des Evangeliums«. Christus war gestorben, um diese Abgrenzung niederzureißen. Aber Kephas stellte sie wieder auf.

Also nahm Paulus dieses Verhalten nicht einfach hin. Er bewahrte auch nicht einen Frieden, der das Evangelium verleugnete. Er konfrontierte Kephas öffentlich: »Ich sprach zu Kephas vor allen: Wenn du, der du ein Jude bist, wie die Nationen lebst und nicht wie die Juden, wie zwingst du denn die Nationen, jüdisch zu leben?« (Galater 2,14). Oder anders ausgedrückt: Als Kephas sich von den nichtjüdischen Christen distanzierte, übermittelte er eine tödliche Botschaft: Man muss wie ein Jude werden, um ganz akzeptiert zu werden. Aber genau das wollte Christus mit seinem Tod abschaffen.

Jesus starb, um für alle Rassen einen ganz neuen Weg der Versöhnung zu bahnen. Rituale und Rassenzugehörigkeit sind keine Grundlage für ein freudiges Miteinander. Nur Christus bietet diese Grundlage. Er hat das Gesetz vollkommen erfüllt. Alle Elemente des Gesetzes, die Menschen voneinander trennten, wurden durch ihn aufgehoben – ausgenommen das Evangelium. Es ist unmöglich, eine dauerhafte Einheit unter den Völkern zu errichten, indem man einfach sagt, alle Religionen könnten als gleich gültig zusammenkommen. Jesus Christus ist der Sohn Gottes. Gott sandte ihn in diese Welt als das eine und einzige Mittel, um Sünder zu retten und Völker für immer zu versöhnen. Wenn wir das verleugnen, untergraben wir die wahre Grundlage für die ewige Hoffnung und für eine dauerhafte Einheit unter den Völkern. Durch seinen Tod am Kreuz wurde nicht etwas regional Begrenztes, sondern etwas global Gültiges erlangt. Gott und Mensch wurden versöhnt. Nur wenn die Völker das erkennen und anerkennen, werden sie einander lieben und schätzen. Wenn wir unsere Entfremdung von Gott überwinden, überwindet Christus auch die Entfremdung zwischen den Nationen.

Um Menschen aus jedem Stamm und jeder Sprache und jedem Volk und jeder Nation zu erkaufen

Und sie singen ein neues Lied und sagen: Du bist würdig, das Buch zu nehmen und seine Siegel zu öffnen; denn du bist geschlachtet worden und hast durch dein Blut für Gott erkauft aus jedem Stamm und jeder Sprache und jedem Volk und jeder Nation.

Offenbarung 5,9

Diese Szene geschieht im Himmel. Dem Apostel Johannes wird ein kurzer Blick in die Zukunft, die in Gottes Hand liegt, gewährt: »Und ich sah in der Rechten dessen, der auf dem Thron saß, ein Buch … mit sieben Siegeln versiegelt« (Offenbarung 5,1). Das Öffnen des Buches bedeutet, dass die zukünftige Geschichte der Welt gezeigt wird. Johannes weint, weil es scheinbar niemanden gibt, der das Buch öffnen kann. Dann sagt eines der himmlischen Wesen: »Weine nicht! Siehe, es hat überwunden der Löwe aus dem Stamm Juda, die Wurzel Davids, um das Buch und seine sieben Siegel zum öffnen« (Offenbarung 5,5). Damit ist Jesus Christus, der Messias, gemeint. Durch seinen Tod und seine Auferstehung hat er überwunden. Dann sieht Johannes ihn: »Ich sah ein Lamm stehen wie geschlachtet« (5,6).

Dann fallen die himmlischen Wesen um den Thron nieder und beten Christus an. Sie singen ein neues Lied. Es ist erstaunlich, denn das Lied verkündet, dass der Tod Christi ihn würdig gemacht hat, das Buch der Geschichte zu öffnen. Das bedeutet, dass Christi Tod notwendig war, damit Gott seine globalen Ziele in der Geschichte verwirklichen kann. »Sie singen ein neues Lied und sangen: Du wist würdig, das Buch zu nehmen und seine Siegel zu öffnen, denn du bist geschlachtet worden und hast durch dein Blut für Gott erkauft aus jedem Stamm und jeder Sprache und jedem Volk und jeder Nation« (5,9).

Christus starb, um eine große Vielfalt von Menschen zu retten. Die Sünde macht vor keiner Kultur Halt. Alle Menschen haben gesündigt. Jede Rasse und Kultur muss mit Gott versöhnt werden. Da die Seuche namens Sünde weltumspannend ist, ist auch das Heilmittel global. Jesus sah die Qual am Kreuz auf sich zukommen und sprach freimütig über die Reichweite seines Zieles: »Und ich, wenn ich von der Erde erhöht bin, werde ich alle zu mir ziehen« (Johannes 12,32). Als er seinen Tod plante, berücksichtigte Christus die ganze Welt.

Das Christentum begann im Orient. Im Laufe der Jahrhunderte verlagerte es sich stark nach Westen. Aber heute wird der christliche Glaube immer mehr eine nicht rein westliche Religion. Das überrascht nicht. Schon im Alten Testament wurde die globale Auswirkung vorhergesagt: »Es werden daran gedenken und zum Herrn umkehren alle Enden der Erde; vor dir werden niederfallen alle Geschlechter der Nationen« (Psalm 22,28). »Es sollen dich preisen die Völker, Gott; es sollen dich preisen die Völker alle« (Psalm 64,4). Als Jesu Dienst auf Erden sich seinem Ende näherte, erklärte er deutlich, was sein Auftrag war: »So musste der Christus leiden und am dritten Tag auferstehen aus den Toten und in seinem Namen Buße und Vergebung der Sünden gepredigt werden *allen Nationen*« (Lukas 24,46-47). Der Befehl an seine Jünger war unmissverständlich: »Geht nun hin und macht *alle Nationen* zu Jüngern« (Matthäus 28,19).

Jesus Christus ist keine Stammesgottheit. Er gehört nicht nur einer einzelnen Kultur oder ethnischen Gruppe. Er ist »das Lamm Gottes, das die Sünde der Welt wegnimmt« (Johannes 1,29). »Denn es ist kein Unterschied zwischen Jude und Grieche, denn er ist Herr über alle, und er ist reich für alle, die ihn anrufen; denn jeder, der den Namen des Herrn anrufen wird, wird errettet werden« (Römer 10,12-13). Rufen Sie ihn jetzt an und treten Sie der großen Gruppe der weltweiten Erlösten bei.

Um alle seine Schafe aus aller Welt zu sammeln

Dies aber sagte er nicht aus sich selbst,
sondern da er jenes Jahr Hoherpriester war,
weissagte er, dass Jesus für die Nation sterben sollte;
und nicht für die Nation allein, sondern dass er
auch die zerstreuten Kinder Gottes in eins versammelte.

Johannes 11,51-52

Ich habe andere Schafe, die nicht aus diesem Hof sind;
auch diese muss ich bringen,
und sie werden meine Stimme hören,
und es wird eine Herde, ein Hirte sein.

Johannes 10,16

Es kann vorkommen, dass ein Esel ohne es zu wissen als Sprachrohr Gottes fungiert (4. Mose 22,28). Gleiches kann für einen Prediger oder Priester gelten. So war es bei Kajaphas, der zur Zeit von Jesu Verurteilung Hoherpriester in Israel war. Ohne die eigentliche Bedeutung zu kennen, sagte er zu den führenden Israeliten: »Es ist euch nützlich, dass ein Mensch für das Volk sterbe und nicht die ganze Nation umkomme« (Johannes 11,50). Das hatte eine zweifache Bedeutung. Kajaphas meinte: Besser Jesus stirbt, als dass die Römer dem Volk Verrat vorwerfen und es vernichten.

Aber Gott meinte mit dieser Aussage etwas anderes. Die Bibel klärt uns auf: »Dies aber sagte er nicht aus sich selbst, sondern da er jenes Jahr Hoherpriester war, weissagte er, dass Jesus für die Nation sterben sollte; und nicht für die Nation allein, sondern dass er auch die zerstreuten Kinder Gottes in eins versammelte« (Johannes 11,51-52).

Jesus sagte mit einer anderen Metapher dasselbe: Anstatt von »zerstreuten Kindern Gottes« sprach er von »Schafen« außerhalb der Herde Israels. »Ich habe andere Schafe, die nicht aus diesem Hof sind; auch diese muss ich bringen, und sie werden meine Stimme hören, und es wird eine Herde, ein Hirte sein.«

Beide Aussagen sind auf ihre Weise höchst erstaunlich. Sie lehren, dass es überall auf der Welt Menschen gibt, die Gott dazu erwählt hat, dass sie mit dem Evangelium erreicht und durch Jesus Christus errettet werden. Es gibt die in der Welt »zerstreuten Kinder Gottes«. Es gibt die »Schafe, die nicht aus diesem [jüdischen] Hof sind«. Das bedeutet, dass Gott sehr energisch damit beschäftigt ist, ein Volk für seinen Sohn zu sammeln. Er ruft sein Volk auf, hinauszugehen und Jünger zu machen, aber er geht auch vor ihnen her. Schon bevor seine Boten irgendwo hinkommen, hat er dort sein erwähltes Volk. So spricht Jesus von Bekehrten, die Gott zu seinem Eigentumsvolk gemacht und dann zu seinem Sohn gebracht hat: »Alles, was mir der Vater gibt, wird zu mir kommen, und wer zu mir kommt, den werde ich nicht hinausstoßen ... Dein waren sie, und mir hast du sie gegeben« (Johannes 6,37; 17,6).

Es ist eine gewaltige Sache, dass Gott auf alle Völker der Welt herabschaut und sich eine Herde erwählt – und dann Missionare im Namen Christi zu ihnen sendet und seine Erwählten unter die Verkündigung des Evangeliums bringt und sie errettet. Auf keine andere Weise könnten sie errettet werden. Mission ist unentbehrlich. »Die Schafe hören seine Stimme und er ruft die eigenen Schafe mit Namen und führt sie heraus ... und die Schafe folgen ihm, weil sie seine Stimme kennen« (Johannes 10,3-4).

Jesus litt und starb, damit die Schafe seine Stimme hören können und leben. Genau das sagte Kajaphas unwissentlich: »... dass Jesus für die Nation sterben sollte; und nicht für die Nation allein, sondern dass er auch die zerstreuten Kinder Gottes in eins versammelte.« Er gab sein Leben, um die Schafe zu sammeln. Mit seinem Blut erwarb er die Gnade, die seine Stimme für die Seinen unverkennbar macht. Beten Sie, dass Gott Ihnen diese Gnade gibt, damit Sie hören und leben.

Um uns vor dem künftigen Gericht zu retten

So wird auch der Christus,
nachdem er einmal geopfert worden ist,
um vieler Sünden zu tragen,
zum zweiten Male ohne Beziehung zur Sünde denen
zum Heil erscheinen, die ihn erwarten.

Hebräer 9,28

Das christliche Heil betrifft die Vergangenheit, Gegenwart und Zukunft. Die Bibel sagt: »Denn aus Gnade seid ihr errettet [worden] durch Glauben, und das nicht aus euch, Gottes Gabe ist es« (Epheser 2,8). Sie bezeichnet das Evangelium als die Kraft Gottes für uns, »die wir errettet werden« (1. Korinther 1,18). Und sie sagt: »Jetzt ist unsere Rettung näher, als da wir zum Glauben kamen« (Römer 13,11). Wir sind einst gerettet worden. Wir werden jetzt gerettet. Und wir werden in Zukunft gerettet werden.

In jeder Phase werden wir durch den Tod Christi gerettet. In der Vergangenheit hat Christus ein für allemal für unsere Sünden bezahlt. Wir wurden allein durch Glauben gerechtfertigt. In der Gegenwart gewährleistet der Tod Jesu die Kraft des Heiligen Geistes, um uns fortschreitend von der Herrschaft und Verunreinigung der Sünde zu retten. Und in der Zukunft wird es das am Kreuz vergossene Blut Jesu sein, das uns vor dem Zorn Gottes schützt und uns zur Vollendung und ewigen Freude führt.

Ein ganz reales Gericht wird stattfinden. Die Bibel beschreibt es als »furchtbares Erwarten des Gerichts und [als] Eifer eines Feuers, das die Widersacher verzehren wird« (Hebräer 10,27). Gott ruft uns auf: »Wir [sollen] Gott wohlgefällig dienen mit Scheu und Furcht! Denn auch unser Gott ist ein verzehrendes Feuer« (Hebräer 12,28-29). Johannes der Täufer warnte seine Zeitgenossen: »Wer hat euch gewiesen, dem kommenden

Zorn zu entfliehen?« (Matthäus 3,7). Denn Jesus selbst wird »vom Himmel her [kommen] mit den Engeln seiner Macht, in flammendem Feuer. Dabei übt er Vergeltung an denen, die Gott nicht kennen, und an denen, die dem Evangelium unseres Herrn Jesus nicht gehorchen; sie werden Strafe leiden, ewiges Verderben vom Angesicht des Herrn und von der Herrlichkeit seiner Stärke« (2. Thessalonicher 1,7-9).

Manche Bilder von diesem künftigen Zorn sind fast unfassbar schrecklich. Ironischerweise gibt uns gerade Johannes, der »Apostel der Liebe«, die anschaulichsten Einblicke in die Hölle. Wer Christus verwirft und sich mit dem Widersacher verbündet »wird trinken vom Wein des Grimmes Gottes, der unvermischt im Kelch seines Zornes bereitet ist; und er wird mit Feuer und Schwefel gequält werden vor den heiligen Engeln und vor dem Lamm. Und der Rauch ihrer Qual steigt auf von Ewigkeit zu Ewigkeit; und sie haben keine Ruhe Tag und Nacht« (Offenbarung 14,10-11).

Wenn wir nicht zumindest etwas vom Schrecken des künftigen Zornes Gottes erkannt haben, werden wir wahrscheinlich nicht verstehen, wie erleichternd das Heilswerk Christi von den ersten Christen empfunden wurde: Sie erwarteten »seinen Sohn aus den Himmeln, den er aus den Toten auferweckt hat – Jesus, der uns errettet von dem kommenden Zorn« (1. Thessalonicher 1,10). Allein Jesus Christus kann uns vor dem kommenden Zorn retten. Ohne ihn würden wir für immer im Verderben untergehen.

Doch wenn er uns am Ende errettet, dann auf der Grundlage seines Blutes. »So wird auch der Christus, nachdem er einmal geopfert worden ist, um vieler Sünden zu tragen, zum zweiten Male ohne Beziehung zur Sünde denen zum Heil erscheinen, die ihn erwarten« (Hebräer 9,28). Das Problem der Sünde ist ein für allemal gelöst. Kein weiteres Opfer ist nötig. Unser Schutzschild vor dem künftigen Zorn ist so sicher wie das Leiden Christi an unserer Statt. So lasst uns aufgrund des Kreuzes über die zukünftige Gnade jubeln!

Um seine und unsere Freude zu erlangen

Jesus ... der um der vor ihm liegenden Freude willen die Schande nicht achtete und das Kreuz erduldete und sich gesetzt hat zur Rechten des Thrones Gottes.

Hebräer 12,2

Der Weg zur Freude ist mühsam. Er ist mühsam für uns, und er war mühsam für Jesus. Er kostete ihm das Leben. Auch uns kann er das Leben kosten. »Um der vor ihm liegenden Freude willen erduldete er das Kreuz.« Erst kam das Leid des Kreuzes, dann das Glück des Himmels. Einen anderen Weg gab es nicht.

Die »vor ihm liegende Freude« hat viele Aspekte. Sie ist die Freude, wieder eins mit dem Vater zu sein: »Fülle von Freuden ist vor deinem Angesicht, Lieblichkeiten in deiner Rechten immerdar« (Psalm 16,11). Es ist die Freude, über die Sünde zu triumphieren: »Er hat sich zur Rechten der Majestät in der Höhe gesetzt, nachdem er die Reinigung von den Sünden bewirkt hat« (Hebräer 1,3).

Es ist die Freude, seine göttlichen Rechte wieder erlangt zu haben: Er hat sich »gesetzt zur Rechten des Thrones Gottes« (Hebräer 12,2). Es ist die Freude, vom Lobpreis all derer umgeben zu sein, für die er gestorben ist: »So wird Freude im Himmel sein über einen Sünder, der Buße tut« (Lukas 15,7) – und wie viel Freude wird dann erst über Millionen von erlösten Sündern sein!

Und was ist nun mit uns? Ist er in die Freude eingegangen und hat uns hier im Elend zurückgelassen? Nein. Bevor er starb, stellte er den Zusammenhang zwischen seiner und unserer Freude her: »Dies habe ich zu euch geredet, damit meine Freude in euch sei und eure Freude völlig werde« (Johannes 15,11). Er wusste, welche Freude vor ihm liegt und sagte: »Meine Freude soll in euch sein.« Wir, die wir an ihn glauben, werden eine so große Freude mit Jesus teilen, wie sie ein begrenztes Geschöpf größer nicht erfahren kann.

Aber der Weg dorthin ist mühsam. Jesus warnte uns: »In der Welt habt ihr Bedrängnis« (Johannes 16,33). »Ein Jünger ist nicht über dem Lehrer ... Wenn sie den Hausherrn Beelzebul genannt haben, wie viel mehr seine Hausgenossen!« (Matthäus 10,24-25). »Sie werden einige von euch töten; und ihr werdet von allen gehasst werden um meines Namens willen« (Lukas 21,16-17). Das ist der Weg, den Jesus ging, und das ist der Weg zur Freude – so wird seine Freude in uns triumphieren und unsere Freude völlig werden.

So wie die Hoffnung auf die Freude Christus befähigte, das Kreuz zu erdulden, so ermöglicht auch uns die Hoffnung auf diese Freude, mit ihm mitzuleiden. Genau darauf bereitete Jesus uns vor, als er sagte: »Glückselig seid ihr, wenn sie euch schmähen und verfolgen und alles Böse lügnerisch gegen euch reden werden um meinetwillen. Freut euch und jubelt, denn euer Lohn ist groß in den Himmeln« (Matthäus 5,11-12). Unser Lohn wird es sein, Gott mit derselben Freude zu genießen, wie der Sohn Gottes seinen Vater genießt.

Wenn Jesus nicht bereitwillig gestorben wäre, dann wären wir in unseren Sünden umgekommen. Seine und unsere Freude wurde am Kreuz errungen. Nun folgen wir ihm auf dem Weg der Liebe. Wir meinen, »dass die Leiden der jetzigen Zeit nicht ins Gewicht fallen gegenüber der zukünftigen Herrlichkeit, die an uns geoffenbart werden soll« (Römer 8,18). Jetzt leiden wir zusammen mit ihm Schmach. Aber dann wird ungetrübte Freude herrschen. Jedes Risiko, das wegen der Liebe nötig ist, werden wir auf uns nehmen. Nicht mit heroischer Stärke, aber in der Kraft der Hoffnung: »Am Abend kehrt Weinen ein, und am Morgen ist Jubel da« (Psalm 30,6).

49

Damit er mit Ehre und Herrlichkeit gekrönt wird

Wir sehen aber Jesus … wegen des Todesleidens
mit Herrlichkeit und Ehre gekrönt.

Hebräer 2,9

Indem er den Menschen gleich geworden ist und der Gestalt
nach wie ein Mensch befunden, erniedrigte er sich selbst und
wurde gehorsam bis zum Tod, ja, zum Tod am Kreuz.
Darum hat Gott ihn auch hoch erhoben
und ihm den Namen verliehen, der über jeden Namen ist.

Philipper 2,7-9

Würdig ist das Lamm, das geschlachtet worden ist,
zu empfangen die Macht und Reichtum und Weisheit und
Stärke und Ehre und Herrlichkeit und Lobpreis.

Offenbarung 5,12

Am Vorabend seines Todes betete Jesus im Bewusstsein dessen, was ihn erwartete: »Nun verherrliche du, Vater, mich bei dir selbst mit der Herrlichkeit, die ich bei dir hatte, ehe die Welt war!« (Johannes 17,5). Und so geschah es auch: Er wurde »wegen des Todesleidens mit Herrlichkeit und Ehre gekrönt« (Hebräer 2,9). Seine Verherrlichung war der Lohn für sein Leiden. Er war »gehorsam bis zum Tod … Darum hat Gott ihn auch hoch erhoben« (Philipper 2,8-9). Gerade weil das Lamm geschlachtet worden ist, ist es »würdig … zu empfangen … Ehre und Herrlichkeit« (Offenbarung 5,12). Die Passion Jesu Christi fand nicht einfach zeitlich vor seiner Krönung statt, sondern war der Preis und die Krönung war der Lohn. Er starb, um diese Herrlichkeit zu erlangen.

Viele stolpern über diesen Punkt. Sie sagen: »Wie kann das Liebe sein? Wie kann Jesus motiviert gewesen sein einerseits von dem Ziel, uns Freude zu geben, und andererseits von dem Ziel, seine eigene Herrlichkeit zu erlangen? Seit wann ist Eitelkeit eine Tugend?« Das ist eine gute Frage – und es gibt eine wunderbare biblische Antwort darauf.

Die Antwort liegt darin begründet, was echte Liebe wirklich ist. Die meisten von uns sind mit der Vorstellung groß geworden, geliebt zu werden, bedeute, dass man wertvoll gemacht wird. Das ganze Weltsystem scheint auf dieser Annahme zu beruhen. Wenn ich dich liebe, dann mach ich dich wertvoll. Ich helfe dir, gute Gefühle über dich selbst zu haben. Man könnte meinen, der Schlüssel zu Glück sei der richtige Blick für sich selbst.

Aber wir wissen es besser. Sogar ohne in die Bibel zu schauen, wissen wir, dass diese Vorstellung falsch ist. Unsere glücklichsten Augenblicke waren nicht die, als wir von uns selbst erfüllt, sondern als wir selbstvergessen waren. Vielleicht standen wir am Grand Canyon oder am Fuß des Kilimanjaro oder beobachteten einen atemberaubenden Sonnenuntergang in der Wüste – und erlebten für einen flüchtigen Augenblick das Glück reiner Bewunderung. Das ist es, wozu wir erschaffen sind. Das Paradies wird kein Spiegelsaal sein. Es wird die Vorführung von Majestät sein – aber nicht unserer.

Wenn das wahr ist und Christus die majestätischste Person im Universum ist, worin erweist er dann seine Liebe zu uns? Gewiss nicht darin, dass er uns ein großes Selbstwertgefühl vermittelt. Das würde unsere Seelen nicht sättigen. Wir sind für etwas viel Größeres erschaffen worden. Wenn wir so glücklich wie nur irgend möglich sein wollen, müssen wir die glorreichste Person des Universums anschauen und genießen: Jesus Christus. Das bedeutet: Um uns zu lieben, muss Jesus die Fülle seiner eigenen Herrlichkeit erlangen und uns diese zu unserem Genuss offenbaren. Deshalb betete er am Vorabend seines Todes: »Vater, ich will, dass die, welche du mir gegeben hast, auch bei mir seien, wo ich bin, damit sie meine Herrlichkeit schauen« (Johannes 17,24). Das war Liebe. »Ich werde ihnen meine Herrlichkeit zeigen.« Als Jesus starb, um die Fülle seiner Herrlichkeit wiederzuerlangen, starb er für unsere Freude. Liebe bedeutet, sich ungeachtet der Kosten abzumühen, um Menschen zu helfen, von dem begeistert zu sein, was sie am glücklichsten machen kann. Und das ist Jesus Christus. So liebt Jesus.

50

Um zu zeigen, dass das schlimmste Übel von Gott zum Guten gedacht ist

In dieser Stadt versammelten sich in Wahrheit gegen deinen heiligen Knecht Jesus ... sowohl Herodes als Pontius Pilatus mit den Nationen und den Völkern Israels, alles zu tun, was deine Hand und dein Ratschluss vorherbestimmt hat, dass es geschehen sollte.

Apostelgeschichte 4,27-28

Das Tiefgründigste, was wir über Leid und Übel sagen können, ist, dass Gott in Jesus Christus darin gegenwärtig ist und es zum Guten wendet. Der Ursprung des Bösen bleibt als Geheimnis verhüllt. Die Bibel sagt uns nicht alles, was wir gern wissen würden. Vielmehr sagt sie: »Das Verborgene steht bei dem HERRN, unserm Gott; aber das Offenbare gilt uns« (5. Mose 29,28).

Die Bibel dient nicht als Erklärung, woher das Böse kommt, sondern als Offenbarung, wie Gott sich des Bösen bedient und es ins Gegenteil wendet: Er macht ewige Gerechtigkeit und Freude daraus. Überall im Alten Testament finden sich Hinweise, dass es dem Messias ebenso ergehen wird. Josef, der Sohn Jakobs, wurde in die Sklaverei nach Ägypten verkauft. Siebzehn Jahre lang schien er wie von Gott verlassen zu sein. Aber Gott hatte bei alledem die Fäden in der Hand und machte ihn zum Regenten Ägyptens, sodass er bei einer großen Hungersnot seinen Brüdern, die ihn verkauft hatten, das Leben retten konnte. Seine Geschichte fasst er in den Worten an seine Brüder zusammen: »Ihr zwar, ihr hattet Böses gegen mich beabsichtigt; Gott aber im Sinne, es gut zu machen« (1. Mose 50,20; unrev. Elb.). Das war ein Vorschatten auf Christus hin, der verlassen wurde, um zu retten.

Oder denken wir an die Vorfahren Christi. Einst war Gott der einzige König in Israel. Aber das Volk rebellierte und wollte einen menschlichen König: »Nein, sondern ein König soll über uns sein« (1. Samuel 8,19). Später bekannten sie: »Zu all unsern Sünden haben wir das Böse begangen, einen König für uns zu erbitten« (1. Samuel 12,19). Aber Gott hatte seine Hand darin. Aus der Abstammungslinie dieser Könige brachte er Christus in die Welt. Die irdische Abstammung des sündlosen Heilands geht auf Sünde zurück, denn er kam, um Sünder zu retten.

Am erstaunlichsten jedoch ist: Jesu Weg zum Sieg über Übel und Leid war selbst ein Weg des Übels und Leides. Jede hinterlistige und brutale Tat gegen Jesus war sündig und böse. Doch über all diesem stand Gott. Die Bibel sagt, dass Jesus »nach dem bestimmten Ratschluss und nach Vorkenntnis Gottes hingegeben worden ist« (Apostelgeschichte 2,23). Die Geißelhiebe auf seinen Rücken, die Dornen auf seinem Kopf, der Speichel auf seiner Wange, die Prellungen in seinem Gesicht, die Nägel in seinen Händen, die Lanze in seiner Seite, der Spott der Machthaber, der Verrat seiner Freunde, die Flucht seiner Jünger – alles war das Ergebnis von Sünde, und alles war von Gott geplant, um die Macht der Sünde zu besiegen. »Herodes als Pontius Pilatus mit den Nationen und den Völkern Israels [haben alles getan], was deine Hand und dein Ratschluss vorherbestimmt hat, dass es geschehen sollte« (Apostelgeschichte 4,27-28).

Es gibt keine größere Sünde, als den Sohn Gottes zu hassen und umzubringen. Es gab kein größeres Leid und keine größere Unschuld als das Leid und die Unschuld Christi. Doch Gott war in all dem gegenwärtig. »Doch dem HERRN gefiel es, ihn zu zerschlagen. Er hat ihn leiden lassen« (Jesaja 53,10). Sein Ziel war es, durch erlittenes Böses und Leiden das Böse und das Leiden zunichte zu machen. »Durch seine Striemen ist uns Heilung geworden« (Jesaja 53,5). Ist also die Passion Jesu Christi von Gott dazu gedacht, der Welt zu zeigen, dass kein Sünde und kein Übel zu groß ist, als dass Gott in Christus nicht ewige Gerechtigkeit und Freude daraus hervorbringen könnte? Genau die Leiden, die wir verursacht haben, sind zur Hoffnung unseres Heils geworden. »Vater, vergib ihnen! Denn sie wissen nicht, was sie tun« (Lukas 23,34).

Ein Gebet

Vater im Himmel, im Namen Jesu Christi bitte ich dich für alle Leser, dass du ihnen das bestätigst, was in diesem Buch wahr ist und das wegnimmst, was vielleicht falsch ist. Ich bitte dich, dass niemand an Christus zu Fall kommt oder Anstoß nimmt an seiner Gottheit, oder an seinen unvergleichlichen Leiden, oder am Zweck seines Leidens. Für viele sind diese Dinge neu. Mögen sie mit Geduld darüber nachdenken. Und mögest du ihnen Verständnis und Einsicht geben.

Ich bitte dich, dass du den Nebel der Gleichgültigkeit gegenüber ewigen Dingen lüftest und dass ihnen die Realität von Himmel und Hölle klar wird. Ich bitte, dass ihnen die zentrale Stellung Jesu Christi in der Weltgeschichte deutlich wird und dass sie sein Leiden als das wichtigste Ereignis aller Zeiten ansehen. Gib bitte, dass wir über den Grat der Zeit sicher in die Ewigkeit eingehen, wo der Wind kristallklarer Wahrheit weht.

Und ich bitte, dass unsere Aufmerksamkeit nicht weggelenkt wird vom absoluten Vorrang deiner göttlichen Absichten, die du mit dem Leiden Christi verwirklicht hast. Bewahre uns, dass wir nicht von der weniger wichtigen Frage abgelenkt werden, welches Volk deinen Sohn getötet hat.

Wir alle haben durch unsere Sünde dazu beigetragen. Aber das ist nicht die Hauptsache. Dein Plan und dein Handeln sind die Hauptsache. O Herr, öffne bitte unsere Augen, damit wir sehen, dass du selbst – und kein Mensch – das Leiden Jesu Christi geplant hast. Und gewähre uns von diesem erhabenen Blickpunkt aus eine Sicht für das unendliche Panorama deines von Gnade und Hoffnung bestimmten Ratschlusses mit dem Leiden Christi.

Welch erstaunliche Wahrheit hast du offenbart: »dass Christus Jesus in die Welt gekommen ist, Sünder zu erretten« (1. Timotheus 1,15). Das tat er nicht in erster Linie durch sein Lehren, sondern durch sein Sterben. »Christus ist für unsere Sünden gestorben nach den Schriften« (1. Korinther 15,3). Gibt es eine wunderbarere Botschaft für Menschen wie uns, die wir wissen, dass wir die Anforderungen unseres Gewissens nicht erfüllen können, geschweige denn den Anspruch deiner Heiligkeit?

Daher gib bitte, Vater, dass alle, die dieses Buch lesen, ihre Bedürftigkeit und deine vollkommene Gabe in Christus erkennen – und glauben. Das bete ich, weil dein Sohn verheißen hat: »Denn so hat Gott die Welt geliebt, dass er seinen eingeborenen Sohn gab, damit jeder, der an ihn glaubt, nicht verloren geht, sondern ewiges Leben hat« (Johannes 3,16). Amen.

Anmerkungen

1 Elie Wiesel: Night (New York: Bantam Books, 1982, orig. 1960), S. 72.

2 Ebd., S. 73.

3 Ebd., S. 32.

clv

Taschenbuch

W. Gitt

Fragen, die immer wieder gestellt werden

192 Seiten

ISBN 3-89397-127-0

Prof. Dr. W. Gitt gibt Antworten, die aus der Evangelisationspraxis, aus Gesprächen mit fragenden Menschen und dem Studium der Schrift erwachsen sind. Die Fragen sind nicht »am grünen Tisch« entworfen, sondern wurden wirklich gestellt. Von daher handelt es sich nicht um theologische Spitzfindigkeiten, sondern um Probleme, die Zweifler, Fragende und Suchende wirklich bewegen. Der Autor behandelt dabei folgende Themen: Gott – Bibel –Schöpfung, Wissenschaft und Glaube – das Heil – die Religionen – Leben und Glaube – Tod und Ewigkeit. Ein hilfreiches Buch zur Gesprächsführung mit Christen und Außenstehenden. Zur Weitergabe an fragende und suchende Menschen bestens geeignet.

dlv

Taschenbuch

R. Shallis
Kurswechsel
– das Leben beginnt

175 Seiten
ISBN 3-89397-505-5

Was ist Ihr Ziel? Was wollen Sie erreichen? Ein komfortables, leichtes Durchschnittsleben, das Schwierigkeiten, aber auch wichtigen, lebensentscheidender Dingen ausweicht? Oder sehnen Sie sich nach Gottes Horizont, ein Leben mit aufregenden Entdeckungen? Wer meint, das Leben als Christ sei langweilig, wird hier vom Gegenteil überzeugt. Kurswechsel ist angesagt! Für Ralph Shallis wurde dieser zu der wichtigsten Entscheidung seines Lebens. Gebet, das Wort Gottes, die Gemeinschaft der Christen und Evangelisation sind für ihn die Grundpfeiler eines intensiven Lebens mit Gott.

dlv

Taschenbuch

W. MacDonald
Wahre Jüngerschaft

128 Seiten
ISBN 3-89397-499-7

Ein Nachfolger Jesu, ein Jünger, zu sein, ist nicht der bequemste Weg durchs Leben. Jüngerschaft ist kompromisslose Hingabe, ist ein Kampf, der allen Einsatz kostet – und lohnt. Klar und ohne Abstriche stellt der Autor die biblischen Aussagen in den aktuellen Bezug unseres Alltags. Die Herrschaft Jesu soll konkret werden. Das ist es, was Jüngerschaft letztlich auszeichnet. Wer so Gott zur Verfügung steht, lebt zu Seiner Ehre und wird auch anderen Menschen zum Segen.

dlv

Hardcover

J. McDowell

Die Fakten des Glaubens

1188 Seiten
ISBN 3-89397-632-9

Josh McDowell stellt hier komprimiert Fakten und Aussagen zusammen, die die Bibel als Gottes inspiriertes Wort bestätigen. In vier Teilen erhält der Leser zahlreiche Detailinformationen zur Heiligen Schrift, zu Jesus Christus, zur Bibelkritik und zum christlichen Weltbild in Gegenüberstellung mit anderen Weltanschauungen.
1. Die Glaubwürdigkeit der Bibel: einzigartig in ihrer Gestalt und Überlieferung und historisch vertrauenswürdig;
2. Die Glaubwürdigkeit Jesu Christi: Jesus Christus als geschichtliche Person mit dem Anspruch Gott zu sein, Erfüllung alttestamentlicher Prophetie in seiner Person, die Auferstehung als historisches Faktum;
3. Argumente für und gegen den christlichen Glauben: die Bibel ist Gottes Wort, Archäologie und Bibelkritik;
4. Wahrheit und Wissen: Antworten auf die Postmoderne, den Skeptizismus, den Agnostizismus, die östliche Mystik (Zen-Buddhismus), Verteidigung von Wundern als historische Ereignisse.
Im Anhang finden sich Bibliographie, biographische Anmerkungen zu einigen Autoren, sowie ein Autorenregister. Ein hervorragend recherchiertes Buch für alle, die mehr Wissen und Information über die Bibel und den christlichen Glauben suchen.